STUDENT ACTIVITIES MANUAL
(Workbook/Laboratory Manual)

IMAGINA
español sin barreras

curso intermedio de lengua española

Blanco • Tocaimaza-Hatch

VISTA
HIGHER LEARNING

Boston, Massachusetts

Printed in the United States of America.

ISBN 978-1-59334-941-7

7 8 9 10 11 12 13 14 15 BB 15 14 13 12 11 10

Contenido

Introduction
IMAGINA

Completely coordinated with the **IMAGINA** student textbook, the Student Activities Manual (SAM) for **IMAGINA** provides you with additional practice of the vocabulary, grammar, culture, and language functions presented in each of the textbook's ten lessons. The SAM will help you to continue building your Spanish language skills—listening, speaking, reading, and writing—both on its own and in conjunction with other components of the **IMAGINA** program. The SAM for **IMAGINA** combines two major learning tools in a single volume: the Workbook and Laboratory Manual.

The Workbook

Each lesson's workbook activities focus on developing your reading and writing skills as they recycle the language of the corresponding textbook lesson. Exercise formats include, but are not limited to, true/false, multiple choice, fill-in-the-blanks, sentence completions, fleshing out sentences from key elements, writing paragraphs, and answering questions. You will also find activities based on drawings and photographs.

Reflecting the overall organization of the textbook lessons, each workbook lesson consists of **Para empezar**, **Imagina** and **Estructuras** sections, in addition to a **Composición** section where you will concentrate on writing in a more focused and directed way.

The Laboratory Manual

The laboratory activities are designed for use with the **IMAGINA** Lab Audio Program (MP3 Files CD-ROM). They focus on building your listening comprehension, speaking, and pronunciation skills in Spanish, as they reinforce the vocabulary and grammar of the corresponding textbook lesson. The Laboratory Manual guides you through the Lab Audio Program, providing the written cues—direction lines, models, charts, drawings, etc.—you will need in order to follow along easily. You will hear statements, questions, dialogues, conversations, monologues, commercials, and many other kinds of listening passages, all recorded by native Spanish speakers. You will encounter a wide range of activities such as listening-and-repeating activities, listening-and-speaking practice, listening-and-writing activities, illustration based work, and dictations.

Each laboratory lesson contains a **Para empezar** section that practices the active vocabulary taught in the corresponding textbook lesson. It is followed by an **Estructuras** section that practices the grammar sections of each lesson. Each lesson ends with a **Literatura** section that plays the literary reading from the corresponding textbook lesson with comprehension activities.

We hope that you find the SAM for **IMAGINA** to be a useful language learning resource and that it will help you increase your Spanish language skills effectively and enjoyably.

*The **IMAGINA** writers and the Vista Higher Learning editorial staff*

PARA EMPEZAR

1 **¿Cómo es?** Completa el crucigrama con el adjetivo que corresponde a cada descripción.

1. Alguien que no dice la verdad.
2. Alguien que es muy afectuoso y que muestra las emociones fácilmente.
3. Algo que no es cierto.
4. Algo o alguien que no se puede olvidar.
5. Él la mira sólo cuando ella no lo mira. Ella lo mira y él baja la mirada, porque tiene mucha vergüenza cuando habla con alguien.
6. El estado civil de alguien que vive en matrimonio.

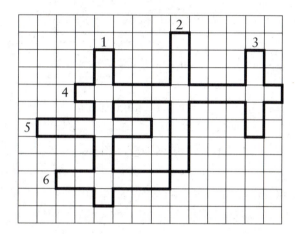

2 **No, no es verdad** Laura le cuenta unos chismes sobre una pareja a su amiga Marina, pero Marina sabe que no son ciertos. Escribe lo que dice Marina siguiendo el modelo.

> **modelo**
>
> **LAURA** ¡Carla es insensible!
> **MARINA** *No, no es verdad. Carla es sensible.*

1. **LAURA** Fermín y Carla se odian.
   MARINA _____
2. **LAURA** Dicen que Fermín es muy inseguro.
   MARINA _____
3. **LAURA** Carla está muy ansiosa.
   MARINA _____
4. **LAURA** Ellos están decidiendo una fecha para divorciarse.
   MARINA _____
5. **LAURA** Ellos se llevan fatal últimamente.
   MARINA _____

IMAGINA

Lección 1

Estados Unidos

1 **¿Cuánto sabes?** Contesta las preguntas con oraciones completas.

1. ¿Por qué es popular el español en Estados Unidos?

   _____

2. ¿Cuántos hispanohablantes se calcula que va a haber en Estados Unidos en el año 2010?

   _____

3. ¿Cuáles son algunos de los lugares donde se pueden encontrar comunidades hispanohablantes?

   _____

4. ¿Qué hechos de la vida diaria hacen palpable el crecimiento de la población latina?

   _____

5. ¿Qué frases en español son comunes hoy día?

   _____

6. ¿Cuantos estudiantes de secundaria estudian español?

   _____

7. ¿Uno de cada cuántos habitantes de Estados Unidos tiene origen hispano?

   _____

8. ¿Quién es Jorge Ramos?

   _____

Documental

2 **¿Cierto o falso?** Después de ver el documental, indica si lo que se dice en las oraciones es **cierto** o **falso**.

	Cierto	Falso
1. Para Diego y Alejandro es difícil hablar con sus abuelos en Venezuela.	○	○
2. Cuatro de cada diez hispanos tiene computadora en casa.	○	○
3. Los teléfonos inteligentes mandan fotos.	○	○
4. Los hispanos no usan el correo electrónico.	○	○
5. Internet ha facilitado la comunicación.	○	○
6. La tarifa mensual de algunos teléfonos celulares empieza en 30 dólares.	○	○
7. Para muchos es muy importante enviar dinero a sus países de origen.	○	○

Workbook

Galería de creadores   **Lección 1**

1   **Un poco de arte**   Completa los datos sobre la pintura.

Artista: _____

Origen: _____

Título de la pintura: _____

_____

2   **Analizar**   Describe y analiza el contenido de la pintura.

1. ¿Dónde está la pareja?

   _____

2. ¿Qué tiene la mujer en la mano?

   _____

3. ¿Cómo está el hombre de la pintura?

   _____

4. ¿Qué quiere hacer la mujer?

   _____

5. ¿Por qué crees que la autora ha elegido este tema?

   _____

6. ¿Te gusta? ¿Por qué?

   _____

3   **Hispanos célebres**   Contesta las preguntas.

1. ¿Quién es Narciso Rodríguez?

   _____

2. ¿Quiénes son algunos de los clientes de Narciso Rodríguez?

   _____

3. ¿Cuál es el país de origen de Julia Álvarez?

   _____

4. ¿Cuáles son algunos de los temas sobre los que escribe Julia Álvarez?

   _____

5. ¿Quién es el director de la película *El mariachi*?

   _____

6. ¿Cuál es uno de los premios que recibió la película *El mariachi*?

   _____

4   **Ahora tú**   Menciona algunos artistas hispanos que conoces y que no están en la **Galería de creadores**.

_____

_____

ESTRUCTURAS

Lección 1

1.1 The present tense

1 **Conclusiones equivocadas** Felipe tiene una costumbre fea: saca conclusiones con demasiada rapidez y por eso saca conclusiones equivocadas. Completa las ideas iniciales y sus conclusiones.

1. Mi amiga Marina mira televisión todo el tiempo y es muy tranquila.

   Tú miras televisión y tú _____ tranquilo/a.

   Mi hermano pasa muchas horas mirando televisión y _____ tranquilo.

   Conclusión: Todas las personas que miran televisión _____ tranquilas.

2. El mejor amigo de Juan no sabe dar consejos.

   Yo no _____ dar consejos.

   Tú no _____ dar consejos.

   Conclusión: Nadie _____ dar consejos.

3. Mi profesor no reconoce a sus estudiantes del año pasado.

   Los estudiantes no _____ a sus profesores de otros años.

   Yo no _____ a mis amigos de la escuela.

   Conclusión: Nosotros en general no _____ a las personas de nuestro pasado.

4. Ana tiene mucho dinero y es tacaña.

   Tú _____ mucho dinero y no lo gastas.

   Maite y Ramón _____ dinero y nunca van de compras.

   Conclusión: Las personas que _____ mucho dinero son tacañas.

5. Mis hermanos siguen los malos ejemplos.

   Tú _____ los malos ejemplos.

   Yo _____ los malos ejemplos.

   Conclusión: Nosotros los jóvenes _____ los malos ejemplos.

2 **¿Salimos?** Juan quiere salir con Marina. Él insiste mucho y no entiende que Marina no está interesada en él. Completa la conversación usando los verbos entre paréntesis.

JUAN ¿1) _____ (querer) cenar conmigo esta noche?

MARINA No, gracias, esta noche 2) _____ (salir) con una amiga.

JUAN ¿Adónde 3) _____ (ir) a ir ustedes?

MARINA Yo no lo 4) _____ (saber) todavía.

JUAN ¿Cuándo 5) _____ (pensar) tú que lo vas a saber?

MARINA Nosotras 6) _____ (tener) que ir antes a una reunión, pero yo 7) _____ (creer) que vamos a ir a bailar.

JUAN De acuerdo, pero nosotros 8) _____ (poder) hacer planes para mañana.

MARINA Yo 9) _____ (tener) mucho trabajo y además 10) _____ (estar) muy preocupada por mi amiga. Ella 11) _____ (estar) deprimida.

JUAN ¿Qué 12) _____ (poder) hacer yo para ayudarla?

MARINA La verdad es que no 13) _____ (ver) cómo puedes ayudarla, pero gracias.

3 **¡Pobre María!** María está enojada. Tiene problemas con su familia y sus amigos. Escribe tres oraciones explicando por qué María está enojada. Sigue el modelo.

> **modelo**
>
> María está enojada con su esposo porque...
> (saber) *no sabe hablar español.*
> (dormir) *duerme mucho los fines de semana.*

1. María está enojada con sus amigos porque...

   (estar) _____

   (tener) _____

2. María está enojada con su compañera de cuarto, Alicia, porque...

   (dice) _____

   (hacer) _____

3. María está enojada con sus vecinos porque...

   (aparecer) _____

   (traer) _____

4 **El primer contacto** Alicia, una compañera de trabajo de Juan, lo puso en contacto a él con Micaela, una amiga suya. Aquí están los correos electrónicos de los dos. Complétalos con los verbos de la lista.

confesar	decir	estudiar	querer	salir	tener
construir	divertir	preferir	reír	sentir	trabajar

¡Hola, soy Juan! Soy divorciado y
1) _____ una hija.
2) _____ casas y edificios en la misma compañía donde trabaja Alicia.
No 3) _____ mucho porque siempre estoy trabajando. Alicia me
4) _____ que eres responsable y una buena amiga. Espero conocerte pronto.

Hola, Juan, soy Micaela, la amiga de Alicia.
Tengo 25 años. Me 5) _____
estudiar; ahora 6) _____ francés y alemán. También 7) _____
en un banco. Suelo salir con amigos los fines de semana. 8) _____ los hombres inteligentes y seguros, y Alicia me dice que eres así. 9) _____ conocerte pronto.

5 **La primera cita** Finalmente, Micaela y Juan deciden encontrarse en un restaurante. Lee los fragmentos de su conversación. Escribe preguntas para las respuestas usando la forma apropiada del verbo entre paréntesis.

1. **MICAELA** ¿_____? (recordar)

   JUAN Sí, lo dices en el correo electrónico.

2. **JUAN** ¿_____? (pedir)

   MICAELA El pollo porque aquí lo cocinan al estilo italiano y está muy rico.

3. **JUAN** ¿_____? (saber)

   MICAELA No, pero tengo un diccionario de italiano.

4. **JUAN** ¿_____? (hacer)

   MICAELA Normalmente, salgo con mis amigas a bailar.

Workbook

1.2 *Ser* and *estar*

1 **¿Ser o estar?** Completa las oraciones sobre dos estudiantes universitarios usando **es, son, está** o **están,** según corresponda.

1. ¿Conoces a Elena? Ella _____ en tu clase de química. _____ una chica muy simpática.

2. Elena _____ soltera, pero desde hace un año sale con un chico, Ernesto, y se llevan bien…

3. Elena y Ernesto _____ de Miami. Elena _____ segura y tranquila, pero ahora _____ un poco preocupada porque Ernesto dice que él _____ inseguro.

4. Es por eso que Elena _____ agobiada y espera que Ernesto se sienta mejor pronto.

5. Aunque Elena y Ernesto _____ estudiantes, ellos trabajan tiempo completo (*full-time*) porque _____ ahorrando dinero para casarse.

6. Cuando el día _____ agradable y el *campus* _____ tranquilo, ellos dos suelen pasear juntos y disfrutar de sus ratos libres.

7. Ahora _____ las cinco de la mañana. Elena no _____ en la cama todavía porque _____ estudiando para un examen.

2 **La vida de Juan** Selecciona la oración que tiene el mismo significado.

1. A Juan le gusta mucho la clase de italiano.
   a. Para Juan, la clase de italiano es interesante.   b. Para Juan, la clase de italiano está interesante hoy.

2. La madre de Juan es amable y no se enoja casi nunca.
   a. La madre de Juan es alegre.   b. La madre de Juan está alegre.

3. Juan se va de vacaciones con sus amigos. Ya tiene todo en orden y quiere salir ahora.
   a. Juan es listo.   b. Juan está listo.

4. La profesora de Juan es muy desorganizada, siempre llega tarde y nunca comprende las preguntas de sus estudiantes.
   a. La profesora es mala.   b. La profesora está mala.

5. A Juan no le gusta pasear. Tampoco le gusta bailar. Está todo el día mirando televisión.
   a. Juan es aburrido.   b. Juan está aburrido.

6. Estas naranjas no han madurado (*have not ripened*).
   a. Las naranjas están verdes.   b. Las naranjas son verdes.

7. Las chicas siempre suspiran (*sigh*) cuando ven a Juan.
   a. Juan está guapo hoy.   b. Juan es guapo.

8. Juan es un chico muy activo; tiene planes para toda la semana, pero no para el sábado.
   a. Juan es libre el sábado.   b. Juan está libre el sábado.

3 **Un día más** Completa la rutina diaria de Sabrina con **ser** y **estar**.

1. _____ las ocho de la mañana.

2. Sabrina mira por la ventana y ve que _____ nublado.

3. Busca su suéter favorito, que _____ de lana.

4. A las nueve, _____ lista y sale de su casa.

5. A las diez, llega a clase. Todos sus amigos _____ deprimidos por el clima.

6. A las 12:45, va a una reunión de estudiantes. La reunión _____ en la cafetería.

7. En la reunión, muchos compañeros _____ disgustados. Quieren mejores medidas de seguridad en las residencias.

8. Sabrina _____ segura de que todo se va a solucionar.

4 **El consultorio** Lee la carta que un consejero sentimental le envía a Julia y completa las oraciones con la forma correcta de **ser** o **estar**.

Tu caso, querida Julia, no 1) _____ raro. 2) _____ muy frecuente. Hay personas que 3) _____ insensibles y no piensan en los sentimientos de los demás. Tu novio 4) _____ una de esas personas. Él dice que coquetea con otras chicas porque 5) _____ agobiado con los estudios. Él ve que tú 6) _____ una buena chica. Él 7) _____ una persona muy falsa. Tus sentimientos 8) _____ verdaderos y sinceros. Él te hace pensar que 9) _____ deprimido para hacer lo que quiere. Sé que tú 10) _____ pasando por un momento difícil. Te aconsejo que abandones definitivamente a tu novio. Pronto te vas a sentir mejor y vas a 11) _____ lista para empezar una nueva relación.

5 **La carta de Julia** Imagina que tú eres Julia. Escribe la carta que ella le escribió al consejero sentimental. Usa **ser** y **estar** en cinco oraciones.

Estimado consejero sentimental:

Necesito su consejo porque tengo problemas en mi relación. Mi novio…

_____

_____

_____

_____

_____

_____

Atentamente,
Julia

6 **Busco pareja** Imagina que estás buscando pareja y decides escribir un anuncio personal. Describe tu personalidad y tu estado de ánimo actual (*present*). Usa **ser** y **estar** y el vocabulario de la lección.

¡Hola! Me llamo _____ y busco un(a) chico/a…

_____

_____

_____

_____

_____

_____

_____

_____

_____

Workbook

1.3 *Gustar* and similar verbs

1 **Una amiga pesada** Margarita y su mejor amiga Lola y decidieron irse un fin de semana de vacaciones. Sin embargo, Margarita no lo está pasando bien porque su amiga es muy pesada. Completa las conversaciones con el pronombre adecuado y un verbo de la lista.

aburrir	caer mal	doler	encantar	gustar	molestar

1. **9:00 AM**
   —¿Te gusta el desayuno?
   —¡Es horrible! Sabes que no _____ este tipo de café. Es malísimo.
2. **11:00 AM**
   —¿Te gusta la habitación?
   —¡En absoluto! Las camas son duras. Seguro que mañana _____ las piernas.
3. **13:30 PM**
   —¿Te gusta este restaurante?
   —Para nada. Y además, _____ este camarero. Es muy poco amable. No pienso volver a este restaurante.
4. **17:00 PM**
   —¿Te gustan las películas?
   —¡No! Yo _____ terriblemente con películas románticas y sin acción como ésta.
5. **20:00 PM**
   —¿Te gusta el paseo?
   —¡No me hables! _____ los lugares con mucha gente.

2 **De turismo** Un periodista de la revista *Facetas* entrevista a un grupo de turistas que está visitando Miami. Escribe las preguntas del periodista.

1. aburrir / la ciudad
   ¿_____?
2. gustar / los edificios
   ¿_____?
3. caer bien / la gente
   ¿_____?
4. preocupar / la seguridad
   ¿_____?
5. disgusta / el tráfico
   ¿_____?
6. faltar / lugares de entretenimiento a la ciudad
   ¿_____?

3 **Las respuestas de los turistas** Repasa la actividad 2 **De turismo** y completa las respuestas que los turistas le dan al periodista. Usa la primera persona del plural.

1. ¡No! ¡Al contrario! Es grande, bella y divertida. No _____ (aburrir) ni un poquito.
2. Son hermosos. El estilo modernista _____ (fascinar) especialmente. Sí, _____ (gustar).
3. _____ (caer) muy bien. Nos tratan maravillosamente en todos lados. La gente aquí es muy cálida. _____ (encantar).
4. Sí, _____ (preocupar) un poco, pero tratamos de tener cuidado.
5. ¡_____ (disgustar) mucho! Manejar aquí es una locura.
6. Es lo que menos _____ (faltar). Hay muchos lugares divertidos.

4 **Un escritor de mal humor** Completa la conversación telefónica entre un escritor y su representante de relaciones públicas sobre un *tour* que está haciendo el escritor para promocionar su último libro. Usa **gustar** y verbos similares.

REPRESENTANTE Hola, ¿Carlos? ¿Tienes unos minutos para hablar sobre el libro que estás promocionando?

CARLOS Sí, bueno, no sé si ahora es un buen momento.

REPRESENTANTE ¿Qué te pasa? ¿Cómo te caen los otros escritores que conociste?

CARLOS (1) (caer mal) _____

REPRESENTANTE ¿Qué te falta para terminar el *tour* y empezar el próximo libro?

CARLOS (2) (faltar) _____

REPRESENTANTE Estupendo. ¿Y qué? ¿Te gusta la ciudad?

CARLOS (3) (no gustar) _____

REPRESENTANTE Vaya, hombre. ¿Qué dices? ¿Te molesta viajar? Es parte de tu trabajo.

CARLOS (4) (molestar) _____

REPRESENTANTE Hmm... Me parece que estás aburrido. Eso es normal a veces. Todo el mundo se aburre en el trabajo.

CARLOS (5) (aburrir) _____

5 **Los vecinos** A doña Pancha le encanta su apartamento nuevo porque puede saber todo sobre sus vecinos del edificio de enfrente. ¿Qué le cuenta doña Pancha a su amiga sobre sus vecinos? Escribe oraciones completas usando los verbos entre paréntesis.

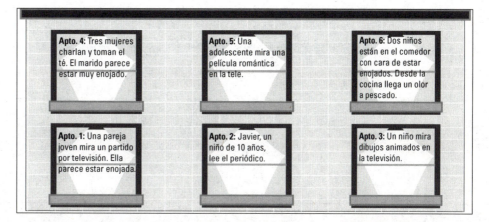

Apto. 4: Tres mujeres charlan y toman el té. El marido parece estar muy enojado.

Apto. 5: Una adolescente mira una película romántica en la tele.

Apto. 6: Dos niños están en el comedor con cara de estar enojados. Desde la cocina llega un olor a pescado.

Apto. 1: Una pareja joven mira un partido por televisión. Ella parece estar enojada.

Apto. 2: Javier, un niño de 10 años, lee el periódico.

Apto. 3: Un niño mira dibujos animados en la televisión.

1. (aburrir) _____

2. (fascinar) _____

3. (encantar) _____

4. (molestar) _____

5. (gustar) _____

6. (disgustar) _____

6 **¿Qué les gusta?** En una hosa aparte, escribe un párrafo para describir lo que más les gusta y lo que menos les interesa a tus amigos. Usa verbos como **aburrir, disgustar, encantar, fascinar, molestar,** etc.

_____

_____

Workbook

COMPOSICIÓN

▪ Paso 1

Lee el siguiente fragmento de un artículo sobre la música hispana en los Estados Unidos.

> "El crecimiento de la población hispana es tal que ya hay censados más de 41 millones de hispanohablantes en los Estados Unidos. Este hecho se hace muy visible en el mundo del espectáculo donde se ha producido un gran aumento de cadenas de radio dedicadas exclusivamente a la música en español. En el año 2004, las ventas de música latina en las tiendas especializadas subieron más del 25 por ciento."

Escribe una composición sobre lo que has leído siguiendo el plan de redacción.

- Busca información relacionada con este fragmento en tu libro de texto y/o Internet para apoyar (*support*) o rechazar (*reject*) lo que dice.
- Luego, selecciona el orden en que vas a escribir las ideas y haz un borrador (*draft*).
- Escribe tu opinión personal que incluya respuestas a estas preguntas: ¿Conoces música en español? ¿Te gusta? ¿Qué clase de música es tu favorita? Usa **ser, estar, gustar** y verbos similares a **gustar**.
- Termina la composición con una predicción sobre el futuro de la música hispana. Por ejemplo: **En los próximos años va a haber...**
- Comprueba el uso correcto de los verbos.

_____

_____

_____

_____

_____

_____

_____

_____

_____

_____

_____

_____

_____

_____

_____

_____

PARA EMPEZAR

Lección 2

1   **Asociaciones** Empareja las palabras de las dos columnas. Luego, escribe cinco oraciones usando al menos siete palabras de la lista.

_____ 1. cine	a. policía
_____ 2. museo	b. estación
_____ 3. tren	c. arte
_____ 4. comisaría	d. fútbol
_____ 5. estadio	e. música
_____ 6. discoteca	f. tráfico
_____ 7. semáforo	g. actor
	h. puente

1. _____
2. _____
3. _____
4. _____
5. _____

2   **¿Qué prefieres?** Numera las actividades por orden de preferencia, siendo 1 la actividad que más te gusta. Después, escribe lo que vas a hacer este fin de semana, usando algunas frases de la lista.

___ dar un paseo   ___ relajarse en la piscina   ___ Pasear en bicicleta

___ conversar con los amigos   ___ bailar en la discoteca   ___ ir a un estadio de fútbol

___ ir al centro comercial   ___ visitar un museo   ___ caminar por la plaza

_____
_____
_____
_____
_____

3   **Tu barrio** Contesta las preguntas y explica tus respuestas.

1. ¿Vives en un edificio moderno? _____
   _____

2. ¿Hay mucho tráfico cerca de tu casa? _____
   _____

3. ¿Es ruidoso tu barrio? _____
   _____

4. ¿Usas el transporte público con frecuencia? _____
   _____

IMAGINA

Lección 2

México

1 **La opción correcta** Completa las oraciones con la opción correcta.

1. En México vive _____ hispanohablante.

   a. la mitad de la población   b. un tercio (*third*) de la población

2. Hay sitios arqueológicos en _____.

   a. Palenque   b. Acapulco

3. La Ciudad de México también se llama _____.

   a. Alameda   b. Distrito Federal

4. Los mayas y los _____ son civilizaciones prehispánicas que vivían en México.

   a. araucos   b. aztecas

5. El centro o corazón de la Ciudad de México es _____.

   a. el bosque de Chapultepec   b. la Plaza de la Constitución

6. La capital de México tiene más de _____ de habitantes.

   a. 24 millones   b. 14 millones

7. Diego Rivera es famoso por _____.

   a. sus murales   b. la conquista de México

8. El Palacio Nacional es donde el presidente _____.

   a. tiene su vivienda   b. tiene sus oficinas

Documental

2 **¿Cierto o falso?** Después de ver el documental, indica si lo que se dice en las oraciones es **cierto** o **falso**. Corrige las falsas.

	Cierto	Falso
1. San Miguel de Allende es una ciudad del estado de Guanajuato.	○	○
2. La ciudad fue fundada en el siglo XVII.	○	○
3. En su centro hay una mezcla de arquitectura moderna y colonial.	○	○
4. En San Miguel de Allende se encuentra el tercer teatro más antiguo de México.	○	○
5. Se dice que en esta ciudad se encuentra una de las casas más bellas del país.	○	○
6. Es una ciudad tranquila porque no van turistas.	○	○
7. Allí viven unos cinco mil norteamericanos jubilados.	○	○
8. La catedral es uno de los edificios más atractivos.	○	○

Workbook

Galería de creadores

Lección 2

Workbook

1   **Arte**

A. Completa los datos sobre el mural.

Artista: _____

Origen: _____

Título del mural: _____

B. Describe y analiza el contenido de este mural. ¿Qué crees que quiere expresar el artista? ¿Te gusta? ¿Por qué?

_____

_____

_____

_____

_____

_____

2   **Hispanos célebres** Contesta las preguntas con oraciones completas.

1. ¿Quién es Frida Kahlo?

_____

2. ¿Qué tipo de pintura la ha hecho más famosa?

_____

3. ¿Qué expresa Frida Kahlo en sus pinturas?

_____

4. ¿Cuál es la profesión de Gael García Bernal?

_____

5. ¿Cuáles son algunas de las películas en las que ha trabajado Gael García Bernal?

_____

6. ¿Dónde nació Elena Poniatowska?

_____

7. ¿Qué periódico ayudó a fundar Elena Poniatowska?

_____

3   **Ahora tú** Contesta las preguntas con oraciones completas.

1. ¿Viste alguna vez películas mexicanas?

_____

2. ¿Qué aspecto de México te interesa conocer mejor? ¿Por qué?

_____

3. Imagina que estás en México. ¿Qué lugar(es) quieres visitar y por qué?

_____

ESTRUCTURAS

Lección 2

2.1 The preterite

1 **¿Qué hicieron el fin de semana?** Brenda, Mariana y Andrés trabajan juntos. Los lunes se cuentan lo que hicieron el fin de semana. Escribe lo que hizo cada uno usando los elementos dados.

Brenda...

1. traducir / artículo _____

2. leer / periódico _____

3. poner / letrero / calle _____

Mariana...

4. hacer / diligencias _____

5. dormir / siesta _____

6. dar / vuelta / ciudad _____

Andrés...

7. oír / radio _____

8. ir / campo _____

9. conducir / moto / durante horas _____

2 **Amigos** Mariana está organizando una fiesta y sus amigos Andrés y Brenda la están ayudando. Completa las preguntas que Mariana les hace a sus amigos para saber si hicieron las diligencias necesarias. Usa el pretérito de los verbos entre paréntesis.

1. ¿_____ (subir) ustedes las bebidas?

2. Andrés, ¿y tú?, ¿_____ (poner) la comida en el refrigerador?

3. Y tú, Brenda, ¿_____ (tener) tiempo para buscar los discos compactos?

4. Los dos, ¿les _____ (dar) direcciones a sus invitados?

5. Andrés, ¿_____ (buscar) el pedido del supermercado?

6. Ustedes, ¿_____ (empezar) a limpiar la casa?

3 **Ser o ir** Indica si en cada oración se necesita el pasado de **ser** o de **ir.** Después, completa las oraciones con la forma adecuada.

	ser	ir
1. Ayer hizo mucho calor. Yo _____ a la piscina.	○	○
2. La semana pasada me visitó Mario. Él _____ mi primer novio.	○	○
3. El año pasado _____ muy difícil para mí.	○	○
4. Esta semana yo _____ dos veces al ayuntamiento.	○	○
5. El cumpleaños de Hernán _____ muy aburrido.	○	○

4 **¿Qué pasó?** ¿Recuerdas a Brenda y a Mariana, las chicas de las **actividades 1** y **2**? Completa la conversación telefónica en la que Brenda le explica a Mariana por qué no pudo ir a la fiesta. Usa los verbos de la lista en pretérito.

decir	llamar	perder	preguntar	tener
hacer	olvidar	poder	ser	venir

MARIANA Ayer tú no 1) _____ a la fiesta. Todos los invitados
2) _____ por ti.

BRENDA Uy, lo siento, pero mi día 3) _____ terrible. Yo
4) _____ mi bolsa con los documentos de identidad y las tarjetas de
crédito. Y Javier y yo 5) _____ que ir a la comisaría de policia.

MARIANA ¿De verdad? Lo siento. ¿Por qué ustedes no me 6) _____ por teléfono?

BRENDA Nosotros no 7) _____ llamar a nadie. 8) _____ mi
teléfono celular en la casa.

MARIANA ¿Y qué te 9) _____ la policía?

BRENDA Nada. Ellos me 10) _____ esperar horas allí y al final me dijeron que
tengo que volver hoy...

5 **Cuéntalo** Imagina que eres Mariana y escribes es un mensaje a una amiga contándole lo que le pasó a Brenda. Usa el pretérito.

> *La fiesta fue muy divertida, pero*
> *Brenda no pudo venir...*

_____
_____
_____
_____
_____

6 **Historias** ¿Te ocurrió una historia similar a la de Brenda? ¿Estuviste alguna vez en una comisaría de policía? Escribe un párrafo contando lo que pasó. Puedes inventar una historia, si quieres. Utiliza el pretérito.

_____
_____
_____
_____
_____
_____

2.2 The imperfect

1 **Conociendo México** Imagina que estás en México con un(a) amigo/a y decides llamar por teléfono a tu familia para contarle lo que hiciste. Completa el relato usando el imperfecto.

1. Fui a un centro comercial que _____ (quedar) un poco lejos del hotel.
2. _____ (haber) mucho tráfico, y yo no _____ (querer) tomar un taxi.
3. Fui a la parada, pero el autobús no _____ (venir), así que fui dando un paseo.
4. Al llegar, vi a muchas personas que _____ (estar) comprando ropa.
5. _____ (haber) muchísimos negocios.
6. Todo el mundo me _____ (saludar) muy amablemente.
7. Yo no _____ (desear) comprar nada, pero al final traje unos cuantos regalos.
8. Yo _____ (ver) carteles de todo tipo, pero no siempre los _____ (entender).
9. Los vendedores _____ (ser) muy amables.
10. Al final, yo _____ (tener) hambre y fui a un restaurante buenísimo.

2 **¡Viva México!** Tu compañero/a de viaje en México habla de sus impresiones del país. Completa lo que dice como en el modelo. Luego escribe tres oraciones similares expresando tu opinión.

> **modelo**
>
> Yo pensaba *que en México hacía siempre calor,* pero hay días en que hace frío.

1. Yo creía que _____, pero muchos mexicanos hablan inglés.
2. Yo pensaba que _____, pero la gente es muy amable.
3. Antes creía que _____, pero hay muchos autobuses.
4. Antes pensaba que _____, pero ahora adoro la comida mexicana.
5. Creía que _____, pero es un país muy interesante.
6. _____
7. _____
8. _____

3 **Tus impresiones** ¿Descubriste en alguna ocasión que algo o alguien era diferente de lo que pensabas? Escribe un párrafo para describir esas experiencias.

_____
_____
_____
_____
_____
_____
_____
_____
_____
_____

4 **Margarita** Margarita habla de su vida. Completa las oraciones usando el imperfecto de los verbos entre paréntesis.

Cuando era niña 1) _____ (vivir) con mis padres y mis hermanos. Yo soy la mayor.

Mi madre empezó a trabajar cuando yo 2) _____ (tener) doce años, así que yo

3) _____ (cuidar) a mis hermanitos menores. Todas las mañanas, los 4) _____

(despertar) y les 5) _____ (hacer) el desayuno. Después, mis hermanos y yo

6) _____ (ir) a la escuela. Cuando nosotros 7) _____ (volver) de la escuela, yo

8) _____ (hacer) diligencias para ayudar en casa. Yo 9) _____ (saber) que no

10) _____ (poder) ir a la universidad que yo 11) _____ (querer) porque era muy

cara, pero no me importó. Fui a la que 12) _____ (estar) cerca de casa y, en general, me

13) _____ (gustar) mucho las clases. Allí conocí a Juan, mi esposo. Él y yo

14) _____ (estar) tan enamorados que nos casamos al poco tiempo. Todavía seguimos

siendo muy felices.

5 **De niños** Estas personas mostraron de niños cuál sería su profesión. Usa los verbos entre paréntesis para completar las oraciones contando lo que hacían en su infancia. Sigue el modelo.

> **modelo**
> Héctor es arquitecto. De niño *construía casas en el parque.* (construir)

1. Marcela es maestra. De niña _____ (enseñar)
2. Gustavo es filósofo. De niño _____ (preguntar)
3. Daniel es contador. De niño le _____ (gustar)
4. Miguel es músico. De niño _____ (cantar)
5. Camila es bailarina. De niña _____ (bailar)
6. Isabel y Teresa son escritoras. De niñas _____ (leer)
7. Pablo y Jorge son policías. De niños _____ (jugar)

6 **Tu infancia** Contesta las preguntas sobre tu infancia, usando oraciones completas.

1. ¿Con quién vivías cuando eras niño/a?

2. ¿Cuántos/as amigos/as tenías?

3. ¿Qué juegos preferías?

4. ¿Qué libros te gustaba leer?

5. ¿Qué programas veías en la televisión?

6. ¿Cómo eras?

2.3 The preterite vs. the imperfect

1 **Todo en orden** Don Jorge Ruiz, alcalde de una ciudad, está enfermo. Después de pasar tres días en cama, decidió pasar por el ayuntamiento. No sabía que le esperaba una sorpresa. Completa la historia con el pretérito o el imperfecto, según el contexto.

Después de pasar tres días en cama, el alcalde 1) _____ (levantarse) para ir un rato al ayuntamiento. 2) _____ (querer) ver si 3) _____ (tener) correo y si todo 4) _____ (estar) funcionando correctamente. Pero cuando 5) _____ (llegar), 6) _____ (encontrarse) con una sorpresa.

Su secretario 7) _____ (conversar) con un policía. Alguien 8) _____ (entrar) la noche anterior a su oficina y luego le prendió fuego. El policía 9) _____ (tomar) nota de todo lo que el secretario le 10) _____ (contar). El alcalde 11) _____ (ponerse) muy nervioso. Todos 12) _____ (sorprenderse) cuando 13) _____ (ver) al alcalde. Rápidamente lo 14) _____ (enviar) de nuevo a la cama. En el ayuntamiento, todo 15) _____ (estar) en orden.

2 **Excusas y más excusas** Revisa la **actividad 2** y responde a las preguntas que el alcalde, muy preocupado, le hace a su secretario para pedirle una explicación de lo ocurrido en el ayuntamiento. Sigue el modelo.

> **modelo**
> **ALCALDE** ¿Por qué no cerraste la puerta de mi oficina?
> **SECRETARIO** *No la cerré* porque *no tenía las llaves.* (no / tener / llaves)

1. **ALCALDE** ¿Por qué no me llamaste?
   SECRETARIO _____ porque _____ (no / encontrar / su número de teléfono)
2. **ALCALDE** ¿Por qué no le pediste el número a Javier?
   SECRETARIO _____ porque _____ (Javier / no estar en la oficina)
3. **ALCALDE** ¿Por qué no pusiste los documentos importantes en otro sitio?
   SECRETARIO _____ porque _____ (yo / no poder llevarlos solo)
4. **ALCALDE** ¿Por qué no los bajaste en el elevador?
   SECRETARIO _____ porque _____ (elevador / no / funcionar)
5. **ALCALDE** ¿Por qué no te fuiste a tu casa?
   SECRETARIO _____ porque _____ (no / encontrar / carro)

3 **Quehaceres cotidianos** Durante mucho tiempo, don Jorge realizaba diariamente las mismas tareas y en el mismo orden. Completa el párrafo con las palabras de la lista.

antes	luego	primero
después de	mientras	siempre

Don Jorge 1) _____ se levantaba a las seis de la mañana. Vivía cerca del ayuntamiento, pero le gustaba llegar temprano. 2) _____ de salir de su casa, tomaba un desayuno bien completo: café con leche, tostadas, queso y fruta. Ya en el ayuntamiento, 3) _____ se reunía con su secretario para ver la agenda del día. 4) _____ ver la agenda, se tomaba un café. Él siempre se tomaba un café 5) _____ leía la prensa del día. 6) _____, don Jorge recibía a los ciudadanos que querían hablar con él.

4 **Cambios** Antes, tú vivías en el centro de la ciudad pero el mes pasado te compraste una casa en los suburbios. Completa las oraciones usando el pretérito y el imperfecto.

1. (ir)

   Antes, yo _____ al museo dando un paseo.

   Ayer, yo _____ en autobús.

2. (visitar)

   Mis amigos me _____ todos los lunes.

   Ayer, ellos no me _____, porque vivo lejos.

3. (poder)

   Antes, no _____ dormir porque mi calle era ruidosa.

   Ayer, _____ dormir todo lo que quise.

4. (hablar)

   Antes, yo nunca _____ con los vecinos del edificio.

   Ayer, yo _____ con los vecinos de enfrente.

5. (hacer)

   Antes, yo _____ todas las diligencias en muy poco tiempo.

   Ayer, sólo _____ unas pocas.

5 **¿Eres el mismo?** Escribe dos párrafos. En el primer párrafo describe cómo eras y lo que hacías cuando eras niño/a. En el segundo, describe cómo fue tu vida el año pasado, qué hiciste, dónde estuviste, etc.. Usa al menos seis verbos de la lista en pretérito o en imperfecto, según sea necesario.

comprar	estar	residir
dar un paseo	leer	ser
decidir	pasarlo bien	tener
disfrutar	relajarse	tomar

Cuando era niño/a... _____

_____

_____

_____

El año pasado... _____

_____

_____

_____

_____

COMPOSICIÓN

▪ Paso 1

Lee el fragmento del cuento *Aqueronte* de José Emilio Pacheco.

> "La **hacen** muy atractiva la esbelta armonía de su cuerpo, el largo pelo castaño, los ojos un poco rasgados°, un aire de inocencia y desamparo°, la pesadumbre° de quien **tiene** un secreto. Un joven de su misma edad o acaso un poco mayor **se sienta** en un lugar de la terraza, aislada del salón por un ventanal. **Llama** al mesero y **ordena** un café. Su mirada **recorre** sitios vacíos, grupos silenciosos y **se detiene** un instante en la muchacha. Al sentirse observada, **alza** la vista. Enseguida **baja** los ojos y **se concentra** en su escritura."

rasgados *almond-shaped*　　　**desamparo** *neglect*　　　**pesadumbre** *sorrow*

En el fragmento, el autor describe la escena del café. Reescribe el fragmento usando el pretérito y el imperfecto de los verbos resaltados.

La... _____

_____

_____

_____

_____

▪ Paso 2

Ahora, escribe un párrafo contando una escena parecida que te ocurrió a ti en el pasado. Usa el pretérito y el imperfecto.

- Primero, piensa qué es lo que quieres contar.
- Haz un borrador *(draft)* de la historia.
- Revisa el borrador que escribiste y añade *(add)* tres detalles específicos del lugar, las personas, los objetos mencionados.
- Escribe la versión final de la historia.
- Comprueba *(Check)* el uso correcto del pretérito y del imperfecto.

_____

_____

_____

_____

_____

_____

_____

_____

_____

PARA EMPEZAR

Lección 3

1 **La intrusa** Selecciona la palabra que no pertenece a la serie y después escribe una definición de cada palabra seleccionada.

1. el televidente   la oyente   la reportera   la emisión

   _____

2. el crítico de cine   el acontecimiento   el actor   el director

   _____

3. la portada   el locutor   el titular   la tira cómica

   _____

4. el diario   el director   el cantante   la actriz

   _____

5. la noticia   la banda sonora   la actualidad   el acontecimiento

   _____

6. el reportero   el anuncio   la noticia   el reportaje

   _____

2 **El mundo de los medios** Lee estas tres conversaciones sobre medios de comunicación y complétalas con las palabras de la lista. Hay tres palabras de más.

actor	entretener	portada	radioemisora
actualizada	oyente	público	rodar
estrella	censura	radio	telenovela

1. —¿Dónde está el _____ principal?

   —Se fue, señor.

   —¿Cómo que se fue? Le dije que tenemos que _____ la escena otra vez.

2. —¡Atención! Un _____ nos llama. Hola. ¿Quién está en la línea?

   —Hola, Mario. Me llamo Pedro y quería felicitarte por tu programa de _____.

   Ésta es mi _____ favorita desde que comenzaste con *Música a tu medida*.

   —¡Muchas gracias, Pedro! ¿Qué tema te gustaría escuchar?

3. —¿Es cierto que hay un romance entre la _____ de la _____

   Ladrón de amor y tú?

   —Lo siento. No hay comentarios.

   —El _____ te admira y quiere saber. Tienes una obligación con tus admiradores.

   —Mi obligación es impedir que historias falsas lleguen a las _____ de tu revista.

3 **¿Quiénes conversan?** Vuelve a mirar las conversaciones de la actividad **2 El mundo de los medios** y escribe el número de la conversación que corresponde a cada par de personas. Hay dos opciones que no debes usar.

a. Un director de cine y el actor principal. _____

b. Un locutor de radio y un reportero. _____

c. Un locutor de radio y una oyente. _____

d. Un director de cine y un ayudante. _____

e. Un reportero y la estrella de la telenovela *Ladrón de amor*. _____

Workbook

IMAGINA

Lección 3

El Caribe

1 **Un poco de historia** Contesta las preguntas con oraciones completas.

1. ¿En qué siglo empezaron los ataques piratas?

_____

2. ¿De dónde era el oro que llevaban los barcos?

_____

3. ¿Qué países querían quitarle el poder a España?

_____

4. ¿Qué hacían estos países para quitarle el poder?

_____

5. ¿Qué hicieron los colonizadores para protegerse de los piratas?

_____

6. ¿Qué ciudades tienen fuertes?

_____

7. ¿En qué ciudad está el Mercado Modelo?

_____

8. ¿Cuáles son algunas de las celebridades que pasaron por la Bodeguita del Medio?

_____

Documental

2 **Seleccionar** Después de ver el documental, completa las oraciones con la opción correcta.

1. La presentadora le pide a Ricky Martin que _____.
   a. elija una carta   b. lea una carta   c. le mande una carta

2. Las preguntas que lee la presentadora son de _____.
   a. un cantante   b. un club de fans   c. la lider de un club de fans

3. Ricky Martin le recomienda a una admiradora que _____.
   a. lea *Los cuatro acuerdos*   b. mejore su estilo de vida   c. viva una vida normal

4. Según, Ricky Martin los toltecas no conocían _____.
   a. la música   b. la palabra enfermedad   c. las matemáticas

5. En cinco años, Ricky Martin cree que va a estar _____.
   a. cantando solo en inglés   b. cantando solo en español   c. cantando en cualquier idioma

6. Ricky Martin parece _____.
   a. sonriente pero muy antipático   b. amable con sus fans   c. incómodo con las preguntas

Galería de creadores

1   **Identificar**   ¿Cómo se titula la pintura? ¿Quién es el/la artista?

Artista: _____   Origen: _____

Título de la pintura: _____   Año: _____

2   **Analizar**   Describe la pintura. ¿Qué ves? ¿Te gusta? ¿Por qué?

_____

_____

_____

_____

_____

_____

3   **Hispanos célebres**   Contesta las preguntas con oraciones completas.

1. ¿Quién es Rosario Ferré?

_____

2. ¿Dónde nació Rosario Ferré?

_____

3. ¿Cómo se titula su primer libro?

_____

4. ¿Cuál es la profesión de Julia de Burgos?

_____

5. ¿Cuáles son algunos de los temas que trata Julia de Burgos en su obra?

_____

6. ¿Quiénes son algunas de las clientas de Oscar de la Renta?

_____

ESTRUCTURAS

Lección 3

3.1 The subjunctive in noun clauses

1

El nuevo proyecto El director y la actriz principal de una película hablan de su próximo proyecto. Completa lo que dicen con la forma adecuada de los verbos entre paréntesis.

1. Insisto en que tú no _____ (dar) entrevistas. No quiero que la prensa _____ (saber) que trabajas en la película.

2. Si deseas que yo _____ (trabajar) contigo, debes dejarme hablar con los periodistas.

3. Te recomiendo que _____ (venir) mañana al estudio a recoger lo que necesitas para preparar el papel. Espero que te _____ (gustar) el guión.

4. Te sugiero que tú _____ (cambiar) el título si quieres que la película _____ (tener) éxito.

5. Es importante que nosotros _____ (empezar) a rodar lo antes posible. Tengo miedo de que la película _____ (ser) cara. El título lo podemos cambiar más tarde.

6. Es necesario que tú me _____ (decir) cuándo vamos a empezar a rodar.

2

Un periodista impaciente La recepcionista de una compañía de cine tiene problemas con un periodista impaciente. Completa la conversación con el presente del indicativo o el presente del subjuntivo, según el contexto.

PERIODISTA   Buenos días, (1) _____ (desear) que Amelia Ruiz me (2) _____ (recibir).

EMPLEADA   Buenos días. Lo siento, pero Amelia no (3) _____ (atender) hoy a nadie. ¿Le (4) _____ (poder) atender su secretaria?

PERIODISTA   Le (5) _____ (decir) que (6) _____ (querer) que me (7) _____ (atender) la actriz personalmente. Necesito hablar con ella.

EMPLEADA   Y yo le (8) _____ (repetir) que la señora Ruiz no (9) _____ (trabajar) hoy.

PERIODISTA   Tengo una cita con ella y (10) _____ (exigir) que le (11) _____ (decir) a ella que (12) _____ (querer) entrevistarla.

EMPLEADA   ¡No sé de qué otra forma decirlo... La señora Ruiz no (13) _____ (venir) hoy!

PERIODISTA   ¿No (14) _____ (venir)? Impossible. ¡Dudo que ella no (15) _____ (venir) hoy!

EMPLEADA   ¡Señor, basta ya! Le prohíbo que usted (16) _____ (entrar) en el edificio!

3

Cómo conseguir entrevistas... Esa tarde, el periodista de la actividad vuelve a su oficina y su jefe le dice lo que tiene que hacer para conseguir entrevistas con famosos. Completa las oraciones.

1. Es importante que _____.

2. Te sugiero que tú _____.

3. No es bueno que _____.

4. Es posible que _____.

5. Te recomiendo que _____.

6. Es mejor que _____.

4 **Consejos** El director le está dando unos consejos a algunos actores sin mucha experiencia. Reescribe los consejos de otra manera con expresiones como **es necesario que, te aconsejo que,** etc. Sigue el modelo.

> **modelo**
> No debes hablar con la prensa.
> *Te recomiendo que no hables con la prensa.*

1. Para que el público te crea debes creer tú en lo que estás diciendo.

   _____

2. Para representar esta escena necesitas moverte mucho.

   _____

3. El cine suele ser difícil para los actores teatrales.

   _____

4. Debes practicar el guión antes de venir a grabar.

   _____

5. Pienso que no les va a gustar rodar muchas horas todos los días.

   _____

6. Nunca deben grabar escenas de riesgo.

   _____

7. Debes pensar si realmente quieres representar este personaje.

   _____

8. También trata de decidir si quieres representar una obra de teatro.

   _____

5 **Hablando de cine** ¿Qué aconsejas? ¿Qué piensas? Imagina que un amigo tuyo hace las siguientes afirmaciones. Elige una de las opciones para expresar tu opinión sobre cada afirmación y explica por qué opinas así. Usa la forma adecuada del presente del subjuntivo.

1. Todas las películas tienen que ser divertidas y comerciales.
   a. No creo que...   b. Prefiero que...   c. Es evidente que...

   No creo que todas las películas tengan que ser divertidas y comerciales. El cine independiente...

2. Las películas europeas son muchas veces mejores que las estadounidenses.
   a. No es evidente que...   b. Dudo que...   c. Me sorprende que...

3. Los actores famosos cobran millones por película.
   a. Ojalá que...   b. Es posible que...   c. Es una lástima que...

4. La vida privada de los famosos es interesante.
   a. Te sugiero que...   b. Es extraño que...   c. Temo que...

5. La censura es buena en algunas ocasiones.
   a. No es verdad que...   b. Niego que...   c. No es malo que...

6. Está bien que las actrices ganen menos dinero que los actores.
   a. Me molesta que...   b. Dudo que...   c. No es bueno que...

3.2 Commands

1 **Cambios** La director a de la revista **Estrellas** quiere hacer unos cambios en las conductas y hábitos de los empleados. Escribe las instrucciones que les da a los empleados usando el imperativo formal.

Al reportero de celebridades.

1. no hablar / política No hable de política. _____

2. llevarse bien / con las estrellas _____

3. no ir / fiestas / con hambre _____

4. salir / todas las noches _____

A los fotógrafos.

5. no respetar / la vida privada de las estrellas _____

6. estar siempre/ preparado _____

7. vestirse / mejor _____

8. tener / dos o tres cámaras _____

Al crítico de cine.

9. no ser / parcial _____

10. ir / a todos los estrenos _____

11. hacer / entrevistas _____

12. escribir / artículos divertidos _____

2 **Carta a la directora** Un lector enojado le escribe una carta a la directora de la revista **Estrellas** de la actividad anterior. Completa sus quejas usando el imperativo de los verbos entre paréntesis. Sigue el modelo.

> **modelo**
> A los reporteros de política: *"Sean imparciales."* (ser imparciales)

1. A los fotógrafos: "_____" (tomar clases)

2. A los redactores: "_____" (escribir mejor)

3. A los críticos: "_____" (irse / vacaciones)

4. A los directores de películas: "_____" (hacer / películas baratas)

5. A los que trabajan en la radio puedes decirles: "_____" (cambiar de trabajo)

6. A los oyentes: "_____" (apagar / radio)

7. A los actores famosos: "_____" (no hablar de política)

8. A los televidentes: "_____" (leer / buenos libros)

3   **Diva** Una actriz famosa está dando órdenes a su secretario personal y luego el secretario le da las órdenes a sus ayudantes. Escribe las órdenes primero usando los mandatos de **tú** y **ustedes**, según corresponda.

1. traerme todas las revistas

    Actriz: Armando, _____ todas las revistas de la última semana.

    Secretario: Rápido, chicos. _____ las revistas. Están en la oficina.

2. darme un vaso de agua en un vaso color verde

    Actriz: ¡Qué sed! _____ un vaso de agua.

    Secretario: ¿Dónde pusieron el agua? _____ el agua. ¡No, no! En un vaso color verde. Ya saben que la señora sólo bebe del vaso verde.

3. escribirle una carta a mi familia

    Actriz: ¡Roberto! ¡_____ una carta a mi familia ya mismo!

    Secretario: Asistentes, _____ la carta a su familia ahora. Y, por favor, sin errores de ortografía.

4. pedir mil rosas blancas para la habitación del hotel

    Actriz: ¿Dónde están las rosas blancas? _____ las rosas blancas para la habitación antes de que llegue al hotel.

    Secretario: ¡Chicos, se olvidaron de las flores! _____ mil rosas blancas para la habitación. ¡Ahora!

5. decirme el horóscopo del día

    Actriz: ¿Qué me ocurrirá hoy? _____ el horóscopo del día.

    Secretario: ¿Dónde está el periódico de hoy? _____ urgente el horóscopo del día.

6. romper las críticas negativas de estas revistas

    Actriz: No soporto a los periodistas. _____ las críticas negativas de estas revistas.

    Secretario: Ahora mismo. _____ las críticas negativas de estas revistas.

7. contestar las cartas de los *fans*

    Actriz: ¡Qué emoción con tantas cartas! _____ las cartas de los *fans*.

    Secretario: Chicos, dejen lo que está haciendo y _____ todas las cartas de los *fans*.

8. entretener a los periodistas

    Actriz: ¡Qué molestos! Roberto, _____ a los periodistas, por favor, que quiero descansar.

    Secretario: Chicos, _____ a los periodistas que la señora quiere descansar. ¡Y sean eficientes al menos una vez!

4   **Consejos para jóvenes actores** Escribe cinco consejos que un profesor de cine les da a sus estudiantes usando la forma plural del imperativo (**ustedes**). Usen cinco verbos de la lista.

estar	salir
hacer	ser
ir	tener

1. _____

2. _____

3. _____

4. _____

5. _____

3.3 Object pronouns

1 **¿A qué se refieren?** ¿Entiendes bien cuando lees? Indica el sustantivo al que se refiere cada pronombre subrayado.

> **GOL**
>
> Durante el primer tiempo, el partido fue muy aburrido. Pero en el segundo tiempo, el San Martín (1) lo animó y (2) le ganó al Santiago 3 a 1. Dos fanáticos comentaron: "No (3) nos llamó la atención. El San Martín siempre (4) nos da el premio de la victoria."

1. _____   3. _____

2. _____   4. _____

> **Televisión**
>
> La cadena GBJ va a retransmitir esta noche el controvertido video musical del grupo Niquis. El director de la cadena, Alberto Anaya, (5) nos envió un fax a los periodistas para (6) informarnos de su decisión. La Asociación de Televidentes, al enterarse, promete que (7) le va a pedir explicaciones al señor Anaya por (8) emitirlo en horario infantil. "No les debemos permitir a las cadenas este comportamiento. No (9) se lo vamos a consentir." dijo. El video muestra al cantante del grupo protestando contra la guerra.

5. _____   8. _____

6. _____   9. _____

7. _____

2 **En la radio** Una locutora de radio le está haciendo una entrevista un amigo suyo, un director de cine. Completa la entrevista con los pronombres adecuados.

LOCUTORA ¡Qué placer tenerte en la radio para hablar de tu premio! 1) _____ digo que pareces muy contento.

DIRECTOR Sí, 2) _____ estoy. Este premio es muy importante para 3) _____.

LOCUTORA ¿A quién 4) _____ dedicas el premio?

DIRECTOR A mi esposa, claro. Ella 5) _____ apoya siempre, 6) _____ ayuda en los momentos malos y 7) _____ acompaña siempre en mis viajes.

LOCUTORA ¡Qué suerte tener una esposa así! Y cuéntame, ¿cuáles son tus proyectos ahora?

DIRECTOR A mí siempre 8) _____ gusta descansar después de cada película. A mi esposa y a 9) _____ siempre 10) _____ gusta disfrutar de unas vacaciones.

LOCUTORA ¿Y después?

DIRECTOR ¿Quién sabe?

3 **Entrevistas** Completa la entrevista que un periodista le hace a un actor famoso. El actor contradice todo lo que dice el periodista. Usa los pronombres adecuados en las respuestas del actor. Sigue el modelo.

> **modelo**
>
> **PERIODISTA** ¿El Santiago le está dando una paliza (*thrashing*) al San Martín?
> **CANTANTE** *Sí, se la está dando. No, no se la está dando.*

1. **PERIODISTA** Un colega periodista los vio a usted y a su amiga, Laura Luna, cenando en un restaurante. ¿Es verdad? ¿Los vio?
   CANTANTE _____

2. **PERIODISTA** También me contó que te pidió un autógrafo.
   CANTANTE _____

3. **PERIODISTA** El me dijo que… no le pagaste la cuenta a tu amiga.
   CANTANTE _____

4. **PERIODISTA** Y también me dijo que no les diste propina (*tip*) a los camareros.
   CANTANTE _____

5. **PERIODISTA** Él me dijo que le diste un beso a tu amiga.
   CANTANTE _____

4 **Las instrucciones** Una actriz sin mucha experiencia recibe consejos de su agente. El agente repite todos los consejos para que la actriz no se los olvide. Reescribe sus consejos reemplazando las palabras subrayadas por los pronombres adecuados.

1. Antes de empezar, saluda <u>a todo el público</u>.

   _____

2. No puedes olvidar <u>las cámaras</u>.

   _____

3. No muevas tanto <u>la boca</u> al hablar.

   _____

4. Evita los <u>gestos exagerados con la cara y las manos</u>.

   _____

5. Deja <u>las escenas de riesgo</u> para tu doble.

   _____

6. Debes obedecer <u>al director</u>.

   _____

7. Estudia bien <u>tu papel</u>.

   _____

8. Debes hablar bien <u>a los otros actores</u>.

   _____

COMPOSICIÓN

▪ Paso 1

Lee un resumen del cuento *Idilio* de Mario Benedetti.

Osvaldo es un niño de tres años. Una noche los padres sientan a Osvaldo frente al televisor. Mira la pantalla y queda hipnotizado. Mira la pantalla sin moverse. La madre deja a Osvaldo, se va a la cocina y olvida a Osvaldo. Cuando la madre llama al niño y ve al niño en el mismo sitio, no sabe qué pensar. Osvaldo ha visto a una mujer en la televisión. Ahora Osvaldo espera a la mujer y quiere ver a la mujer de nuevo porque le dijo "querido". Osvaldo le explica la situación a su madre.

Vuelve a escribir el resumen, usando pronombres de complemento directo e indirecto donde sea posible para crear un párrafo más fluido.

_____

_____

_____

_____

_____

▪ Paso 2

Empleando la técnica de escritura del uso de pronombres directos e indirectos del **Paso 1**, elige uno de estos temas, y escribe un breve párrafo expresando tu opinión. Recuerda usar los pronombres que estudiaste en la lección para crear un texto fluido y el subjuntivo para expresar tu opinión.

> ¿Es necesaria la censura?
>
> ¿Qué programas de televisión recomiendas para personas de tu edad?
>
> ¿El cine es arte o entretenimiento?

- Primero, elige un tema y realiza una lluvia de ideas (*brainstorm*) con palabras, frases y oraciones.
- Luego, selecciona el orden en que vas a escribir las ideas y haz un borrador (*draft*).
- Termina el párrafo con una oración que resuma lo que opinas.
- Comprueba el uso correcto de los pronombres y del subjuntivo.

_____

_____

_____

_____

_____

PARA EMPEZAR

Lección 4

1 **¿Quién es?** Escribe a qué miembro de la familia corresponde cada definición.

1. Es el marido de mi hija. _____
2. Es la madre de mi marido. _____
3. Es la madre de mi abuela. _____
4. Mi hermano que nació al mismo tiempo que yo. _____
5. El hijo de mi tío. _____
6. El segundo esposo de mi madre. _____
7. La hermana de mi madre. _____
8. La esposa de mi hijo. _____
9. El esposo de mi hermana. _____
10. El hijo de mi hermana. _____

2 **La vida** Define cada etapa de la vida y escribe una actividad relacionada con dicha etapa.

> **modelo**
>
> adolescencia: *La etapa de transición entre la niñez y la juventud.*
> *Generalmente, las personas en la adolescencia escuchan mucha*
> *música.*

1. Juventud: _____
2. Madurez: _____
3. Niñez: _____
4. Vejez: _____

3 **Invitación** Completa la conversación entre Germán y Luis con las palabras de la lista.

agradecer	criar	lamentar	pariente	realizarse
carácter	insoportable	parecerse	quejarse	unida

GERMÁN Este domingo tengo que estar con mi familia. Nosotros somos una familia muy
1) _____. Puedes venir conmigo si quieres. Aunque te tengo que decir
que mi hermano menor es 2) _____ a veces. No te va a dejar tranquilo ni
un segundo.

LUIS Gracias por la invitación. Te lo 3) _____ mucho, pero este fin de semana
un 4) _____ viene a visitarme. Hace mucho que no lo veo.

GERMÁN Oh, ya veo. 5) _____ que no puedas venir. ¿Quién viene a visitarte?

LUIS Un primo mío. Todo el mundo dice que 6) _____ mucho. Podríamos ser
hermanos.

GERMÁN ¿Sí? ¿Por qué?

LUIS Bueno, todo el mundo dice que los dos tenemos el mismo 7) _____.

GERMÁN ¿Qué pasa? ¿Que tu primo también 8) _____ todo el tiempo de todo? ¡Ay,
cuánto trabajo! ¡Me duele todo! ¡Qué mal tiempo!...

LUIS Ja ja. ¡Qué gracioso estás!

IMAGINA

Lección 4

Centroamérica

1 **¿Cuánto sabes?** Contesta las preguntas con oraciones completas.

1. ¿Cuántos kilómetros hay entre Panamá y Guatemala?

2. ¿Qué países hispanohablantes forman parte de Centroamérica?

3. ¿Qué conecta la carretera Panamericana?

4. ¿Cuáles son algunas de las lenguas que se hablan en Centroamérica?

5. ¿En qué año se estableció el Parque Nacional Chirripó?

6. ¿Dónde vive el tiburón de agua dulce?

7. ¿Dónde está el segundo arrecife de coral más grande del mundo?

8. ¿Qué son y de dónde provienen las típicas pupusas?

9. ¿Qué son las ruinas de Tikal?

10. ¿Cuánto duran las fiestas del Carnaval de Panamá?

Documental

2 **¿Cierto o falso?** Después de ver el documental, indica si lo que se dice en las oraciones es **cierto** o **falso**.

	Cierto	Falso
1. El Petén está localizado en Nicaragua.	O	O
2. La isla de Topoxté no fue ocupada por los conquistadores españoles.	O	O
3. Tikal se encuentra a setenta kilómetros de Yaxhá.	O	O
4. En Tikal, bajo cada templo estaba enterrado un jaguar.	O	O
5. El templo del Gran Jaguar tiene cuarenta y cinco metros de altura.	O	O
6. Algunos tributos que se le ofrecían al rey de Tikal eran cacao, jade y sal.	O	O
7. Los artesanos de Tikal fabricaban las joyas más notables de la región.	O	O
8. El poder y esplendor de Tikal permanecen intactos hasta nuestros días.	O	O

Galería de creadores

Lección 4

1 **Identificar** Contesta las preguntas sobre esta imagen.

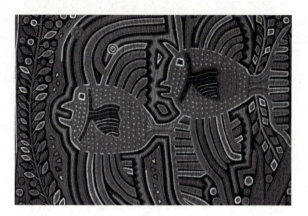

1. ¿Qué es una mola?

   _____

2. ¿Cuál es el tema de esta mola?

   _____

3. ¿Quiénes hacen las molas?

   _____

4. ¿Dónde viven?

   _____

5. ¿Qué adornan?

   _____

6. ¿Cuáles son los motivos más populares?

   _____

2 **Hispanos célebres** Contesta las preguntas.

1. ¿Quién es Gioconda Belli?

   _____

2. ¿Qué temas suele tratar Gioconda Belli en sus obras?

   _____

3. ¿Qué premio obtuvo con su obra *Línea de fuego*?

   _____

4. ¿De dónde es Armando Morales?

   _____

5. ¿Cuáles son algunas de las pinturas de Armando Morales?

   _____

6. ¿A qué edad empezó a pintar Mauricio Puente?

   _____

7. ¿Dónde podemos admirar algunas de las obras de Mauricio Puente?

   _____

ESTRUCTURAS

Lección 4

4.1 The subjunctive in adjective clauses

1 **Reunión familiar** Los Ríos se reúnen todos los domingos para pasarlo juntos en familia. Empareja las frases de las dos columnas para formar comentarios que se escuchan en esta reunión familiar.

_____ 1. Busco el regalo	a. que te compré.
_____ 2. ¿Dónde encuentro unos platos	b. que sea bueno y que esté cerca de casa?
_____ 3. ¿Me recomiendas un colegio	c. que sean más grandes?
_____ 4. ¿Quién se bebió el vaso de vino	d. que sea mal educado.
_____ 5. ¿Dónde puedo comprar el libro	e. que traje para el abuelo?
_____ 6. Necesito la dirección del psicólogo	f. que sabe tratar adolescentes.
_____ 7. Quiero tener una familia	g. que quiere tu padre para su cumpleaños?
_____ 8. De todos mis hijos no hay ninguno	h. que no se pelee tanto.
_____ 9. ¿Viste las fotos	i. que tomé durante las vacaciones?

2 **Un mal educado** Para muchos de los Ríos, Roberto, un miembro de esta familia, es un poco insoportable. Completa sus comentarios con la forma adecuada del presente del subjuntivo. Luego, escribe otros dos comentarios que Roberto pudo haber dicho.

1. Quiero tener cuñados que no me _____ (caer) mal.

2. Necesito hacer un viaje que me _____ (llevar) lejos de aquí y de esta familia.

3. ¿Puedes darme un consejo que me _____ (ayudar) aguantar (*stand*) a esta familia?

4. Necesito una habitación que me _____ (dar) un poco de paz.

5. No quiero hablar. Ahora quiero ver un programa de televisión que _____ (ser) divertido.

6. Gracias por el regalo, pero, la verdad, es que no necesito unos guantes que me _____ (proteger) del frío.

7. ¿Hay algún pastel que no _____ (estar) cubierto de chocolate? Odio el chocolate.

8. ¿Hay alguien en esta casa que _____ (saber) cocinar bien?

9. _____

10. _____

3 **¿Qué debe decir Beth?** Indica qué debe decir Beth, una estudiante de español, en estas situaciones.

1. Beth busca a un compañero de la universidad que se llama Antonio. No recuerda su apellido, pero sabe que tiene un libro de la biblioteca que ella necesita.

   a. Busco al estudiante de Química 102 que se llama Antonio.

   b. Busco un estudiante que se llame Antonio.

2. Antonio le pide a Beth un libro con información sobre los problemas de matemáticas del examen. Beth habla con un empleado de la biblioteca.

   a. Debo conseguir el libro que tiene información sobre los problemas de matemáticas del examen.

   b. Debo conseguir un libro que tenga información sobre los problemas de matemáticas del examen.

3. Beth le cuenta a Antonio que en su familia nadie quiere que ella viva en el campus.

   a. En su familia hay alguien que quiere que ella viva en el campus.

   b. En su familia no hay nadie que quiera que ella viva en el campus.

4. Antonio está muy enfermo y no puede tomar el examen. Beth busca al profesor de Antonio.

   a. Necesito hablar con el profesor que enseña química a mi amigo Antonio.

   b. Necesito hablar con un profesor que enseñe química a mi amigo Antonio.

5. Antonio le agradece a Beth que haya ido a visitarlo. Está un poco triste. Beth intenta animarlo.

   a. No estés triste. Conozco a alguien con quien quiero estar ahora.

   b. No estés triste. No conozco a nadie más con quien quiera estar ahora.

4 **Una prueba** Decide si estas oraciones requieren el uso de la preposición **a** (a personal) delante del objeto.

1. ¿Conoces _____ alguien que organice fiestas de aniversario?

2. Busco _____ alguien que me ayude a organizar la mía.

3. Necesito _____ un grupo musical que sea bueno.

4. Lo siento no conozco _____ nadie que sepa de ningún grupo.

5. ¿Conoces _____ un cocinero que sea bueno?

6. ¿Me recomiendas _____ un buen agente de viajes?

7. Quiero conocer _____ alguien que trabaje en un buen restaurante.

8. Acabo de conocer _____ una chef excelente.

4.2 Reflexive verbs

1 **¿Cuál elijo?** Completa las oraciones con el verbo adecuado usando el presente del indicativo.

1. Ana y Juan _____acuerdan_____ (acordar – acordarse) no pelear más.

2. Ana y Juan _____se acuerdan_____ (acordar – acordarse) de los buenos tiempos pasados.

3. Carmen _____ (ir – irse) temprano de la fiesta.

4. Carmen _____ (ir – irse) a la fiesta muy mal vestida.

5. Martín y Silvia _____ (llevar – llevarse) muy bien.

6. Martín y Silvia _____ (llevar – llevarse) a los niños a un picnic.

7. Sebastián _____ (poner – ponerse) la camisa sobre la cama.

8. Sebastián _____ (poner – ponerse) la camisa roja.

9. Susana _____ (mudar – mudarse) el escritorio a una habitación más luminosa.

10. Susana _____ (mudar – mudarse) a un apartamento nuevo.

11. Manuel _____ (reunir – reunirse) el material que necesita para terminar el proyecto.

12. Manuel _____ (reunir – reunirse) con sus amigos para terminar el proyecto.

2 **Un día importante** Valentina y Juan se van a casar en una semana. Completa lo que Valentina escribió en su diario íntimo acerca de sus planes. Usa los verbos de la lista en el presente o el infinitivo según corresponda.

arrepentirse	maquillarse
darse cuenta	mirarse
ducharse	ponerse
levantarse	preocuparse
vestirse	relajarse

Mi madre siempre me dice que 1) _____ demasiado de todo, pero es mejor anticipar los problemas antes que 2) _____ después. Por eso, el día de la boda quiero estar preparada tres horas antes de la ceremonia. 3) _____ temprano, a las siete de la mañana. 4) _____ con agua bien caliente. Luego, 5) _____ un rato leyendo o mirando la tele mientras espero que venga la peluquera (*hairdresser*). Después, 6) _____; el vestido es tan bonito… Qué nervios. Luego, 7) _____ yo sola porque no me gusta que me maquille nadie. Prefiero hacerlo yo, y si estoy muy nerviosa durante la ceremonia, ¡espero que los invitados no 8) _____!

3 **Antes de ir a pasear** Felipe y su hermana Felisa están ansiosos por salir a jugar y por eso dicen que sí a todo lo que su madre les pregunta. Completa la conversación con los verbos y pronombres apropiados. Usa el pretérito. No vas a usar todos los verbos de la lista.

acostarse	cepillarse	ducharse	peinarse	quitarse
bañarse	despertarse	lavarse	ponerse	secarse

MADRE ¿1) _____ la cara? Es muy feo estar con la cara sucia.

LOS NIÑOS Sí, mamá, 2) _____ la cara.

MADRE ¿3) _____? Sería muy feo salir despeinados.

LOS NIÑOS Sí, mamá, 4) _____.

MADRE ¿5) _____ los dientes? Es importante hacerlo después de cada comida.

LOS NIÑOS Sí, mamá, 6) _____ los dientes.

MADRE Felipe, ¿7) _____ el pantalón marrón? Es el más limpio que tienes.

FELIPE Sí, mamá, 8) _____ el pantalón marrón.

MADRE Felisa, ¿9) _____ los zapatos nuevos? No quiero que salgas con esos tan viejos y gastados.

FELISA Sí, mamá, 10) _____ los zapatos nuevos.

MADRE Bien. Entonces ya podemos ir al zoológico.

4 **Un secretario con paciencia** Miguel es el secretario de un director de espectáculos muy despistado. Completa las preguntas que Miguel le hace a su jefe sobre un concierto que está organizando. Usa las preposiciones **de, en** o **a**.

1. ¿Se acordó _____ hablar con el conjunto *Los maniáticos*?

2. ¿Se dio cuenta _____ que las invitaciones no están bien?

3. ¿Se acordó _____ que el líder del grupo se quejó _____ la decoración?

4. ¿Se dio cuenta _____ que los músicos se fijaron _____ la suciedad del escenario?

5. ¿Se enteró _____ que el chef está enfermo?

6. ¿Se acordó _____ que la banda quiere tener pizza con gaseosa (*soda*)?

7. ¿Se sorprendió _____ que los fans del grupo no quieran venir al concierto?

8. ¿Se acercó _____ la oficina del representante para ver si ya estaba todo arreglado?

9. ¿Se enteró _____ que los fans se sorprendieron _____ la larga duración del concierto?

10. ¿Se acordó _____ que dos de los músicos se convirtieron _____ vegetarianos y no pueden comer carne?

4.3 *Por* and *para*

1 **Viaje por Centroamérica** Empareja las frases de las dos columnas para formar comentarios de dos viajeros en Centroamérica.

_____ 1. Viajaremos a la selva	a. para Nicaragua.
_____ 2. Tres meses en Centroamérica es muy poco tiempo	b. para nosotros.
	c. para nuestras familias.
_____ 3. El chico que conocimos trabaja	d. para conocer la naturaleza.
_____ 4. El próximo fin de semana saldremos	e. para una compañía de aerolíneas.
_____ 5. Compramos unos regalos	

2 **Impresiones de Antonio** Completa lo que dice Antonio, uno de los viajeros de la actividad anterior, con las expresiones de la lista. Hay una expresión que no debes usar.

por la casa de los tíos	por sólo 60 pesos	por toda la ciudad
por mí	por teléfono	por un año

1. Me quiero quedar en Costa Rica _____.

2. Puedo hacer una excursión al lago Nicaragua _____.

3. Cuando vuelva del lago Nicaragua voy a pasar _____.

4. Mañana, mi nuevo amigo que conocí con Raúl va a pasar _____.

5. Él nos va a llamar _____.

3 **Ahora tú** Completa para formar oraciones lógicas. Usa tu imaginación.

1. Hice un viaje por _____.

2. Hice un viaje para _____.

3. Vengo a la universidad por _____.

4. Vengo a la universidad para _____.

5. Quiero comprar una maleta por _____.

6. Quiero comprar una maleta para _____.

Workbook

4 **Una reserva de hotel** Completa esta conversación entre un recepcionista de un hotel y un cliente que quiere hacer una reserva con **por** y **para**.

RECEPCIONISTA ¿Qué puedo hacer 1) _____ usted?

CLIENTE Quisiera reservar una habitación.

RECEPCIONISTA ¿2) _____ cuándo la necesita?

CLIENTE 3) _____ el 2 de agosto.

RECEPCIONISTA ¿4) _____ cuántas personas es la habitación?

CLIENTE 5) _____ dos.

RECEPCIONISTA ¿6) _____ cuánto tiempo?

CLIENTE 7) _____ una semana completa.

RECEPCIONISTA Muy bien. ¿8) _____ quién es la reservación?

CLIENTE 9) _____ el señor Jiménez y su esposa.

5 **Una carta para Antonio** Antonio, el viajero de las actividades **1** y **2**, ahora está en Panamá y acaba de recibir una carta de sus padres quienes no están contentos con su viaje. Lee la carta y complétala con las expresiones de la lista. Hay dos expresiones que no debes usar.

no es para tanto	por allí	por mucho que
no estamos para bromas	por aquí	por primera vez
para colmo	por casualidad	por si acaso
para que sepas	por eso	por supuesto

Querido Antonio:

1) _____ está todo bien y esperamos que 2) _____ también lo esté. 3) _____ lo pensemos y lo conversemos, tu padre y yo no estamos contentos con tu viaje. 4) _____ en nuestras vidas estamos muy preocupados porque creemos que eres muy joven para hacer semejante viaje solo. 5) _____, ahora aparece nuevo amigo en Panamá. ¿Acaso él no vive en Costa Rica? ¿Qué hace ahora en Panamá? 6) _____ que confiamos en ti. Pero, 7) _____, queremos que estés atento. 8) _____, tu prima Merceditas conoció un nuevo amigo muy bueno y muy simpático, pero que resultó ser un maleducado insoportable. 9) _____, Antonio querido, te pedimos que tengas mucho cuidado. ¡No seas tan confiado! Un beso de papá y mamá que te quieren mucho.

P.D.: ¡Por favor! No se te ocurra alargar el viaje, 10) _____ tan pesadas.

COMPOSICIÓN

▪ Paso 1

Lee un fragmento del artículo *El poder de los mayas*.

Los mayas han vivido por siglos, y siguen haciéndolo hoy día, en pequeñas poblaciones dedicadas especialmente al cultivo del maíz y del frijol. La mayoría de los habitantes se dedica a las labores del campo, usando los mismos métodos para el cultivo de la tierra que crearon sus antepasados. Otras actividades que han resistido el paso de los siglos son la elaboración de tejidos y de cerámicas que todavía tienen mucha importancia en la economía de las poblaciones mayas.

Ahora, piensa en tu comunidad, ¿qué tradiciones han resistido el paso de los siglos en tu cultura?

_____

_____

_____

_____

▪ Paso 2

Sigue el plan de redacción para escribir una composición sobre la importancia de preservar tradiciones antiguas en las culturas. Usa el subjuntivo con oraciones adjetivas, **por** y **para** y algunos verbos reflexivos.

- Prepara una lista de palabras, expresiones e ideas relacionadas con la cultura en general y las tradiciones.
- Ordena las ideas de forma lógica y piensa en ejemplos específicos de tu propia cultura o del mundo hispano para ilustrar las ideas.
- Piensa en cómo introducir y terminar la composición. Puede ser una pregunta, un ejemplo, una anécdota personal, un dato estadístico, etc.
- Prepara el primer borrador (*draft*) con una introducción, el desarrollo de las ideas y la conclusión.
- Comprueba el uso correcto del subjuntivo, de los reflexivos y de las preposiciones **por** y **para**.
- Escribe la versión final de la composición.

_____

_____

_____

_____

_____

_____

_____

_____

_____

_____

PARA EMPEZAR

Lección 5

1 **La naturaleza** Lee los descripciones y escribe la palabra que corresponde a cada una de ellas. Escribe la palabra en el espacio.

ave	cordillera	león	serpiente
cerdo	erosión	oveja	terremoto
conejo	incendio	rata	vaca

1. _____ → Es el rey de la selva.

2. _____ → Es un fenómeno natural en el que se mueve la tierra.

3. _____ → Un ejemplo es la cobra.

4. _____ → Un sinónimo de pájaro.

5. _____ → Un sinónimo de fuego.

6. _____ → Un grupo de montañas.

2 **Descríbelos tú** Ahora escribe las seis palabras no usadas de la lista en la actividad anterior en el primer espacio de cada ítem. Luego, escribe una descripción o definición de cada una de esas palabras.

1. cerdo _____ → _____

2. _____ → _____

3. _____ → _____

4. _____ → _____

5. _____ → _____

6. _____ → _____

3 **¿Dónde vivir?** A uno/a de tus amigos le han ofrecido un trabajo interesante en un área muy rural donde vive poca gente. Tu amigo/a quisiera aceptar el trabajo, pero no sabe si puede ser feliz lejos de la gran ciudad. Tú piensas que debe aceptarlo porque es una magnífica oportunidad. Escribe un breve párrafo explicándole las ventajas de la vida rural y el contacto con la naturaleza. Usa por lo menos cuatro de las palabras o expresiones de la lista.

al aire libre	contaminación	mejorar	recursos naturales
bosque	medio ambiente	paisaje	respirar

_____

_____

_____

_____

_____

_____

_____

IMAGINA

Colombia, Ecuador y Venezuela

1 **¿Cuánto sabes?** Contesta las preguntas.

1. ¿Qué cordillera atraviesa Ecuador, Colombia y Venezuela?

    _____

2. ¿Qué país tiene el mayor porcentaje de volcanes en su territorio?

    _____

3. ¿Cuál es la mayor atracción del Parque Nacional Cotopaxi?

    _____

4. ¿Cuándo fue la última vez que hubo una erupción en el volcán Cotopaxi?

    _____

5. ¿Dónde se encuentra el Parque Nacional El Cocuy?

    _____

6. ¿Cómo se llaman algunos de los picos del Parque Nacional El Cocuy?

    _____

7. ¿Qué es El Salto Ángel?

    _____

8. ¿Cómo se puede ir al Salto Ángel?

    _____

Documental

2 **Seleccionar** Después de ver el documental, completa las oraciones con la opción correcta.

1. Mindo se encuentra a una hora de la ciudad de _____.
    a. Bogotá   b. Quito   c. Caracas
2. El paseo en _____ por el río Mindo es muy seguro y también muy divertido.
    a. crucero   b. catamarán   c. boyas
3. El mariposario de Mindo está a unos _____ metros del río aproximadamente.
    a. cuarenta   b. veinte   c. cincuenta
4. El mariposario es un centro de reproducción e investigación de mariposas en _____.
    a. cautiverio   b. libertad   c. la casa de un guía
5. Una mariposa vive normalmente alrededor de un _____.
    a. mes   b. año   c. día
6. La tarabita de Mindo mide 530 _____ de largo y se conecta a la reserva ecológica de Mindo Nambillo.
    a. pies   b. pulgadas   c. metros
7. En la reserva ecológica viven más de 400 especies de _____.
    a. peces   b. aves   c. serpientes

Workbook

Galería de creadores

Lección 5

1 **Identificar** ¿Cómo se titula esta pintura? ¿Quién es el/la autor(a)?

_____

_____

_____

_____

2 **Analizar** Describe y analiza el contenido de la pintura.

1. ¿En qué consiste la pintura?

_____

_____

_____

2. Describe al hombre de la pintura.

_____

_____

_____

3. ¿Qué crees que quiere expresar el pintor?

_____

_____

_____

4. ¿Te gusta? ¿Por qué?

_____

_____

_____

_____

3 **Hispanos célebres** Contesta las preguntas.

1. ¿Quién es Marisol Escobar?

_____

2. ¿Qué experiencias influyeron en su arte?

_____

3. ¿Con qué materiales hace Marisol Escobar sus obras?

_____

4. ¿De dónde es Gabriel García Márquez?

_____

5. ¿Cuáles son algunas de las obras literarias de Gabriel García Márquez?

_____

6. ¿Cuál es el estilo literario que hizo famoso a García Márquez?

_____

ESTRUCTURAS

Lección 5

5.1 The future

1 **El error de Sergio** A Sergio le gusta mucho dar paseos en el bosque y recoger plantas que luego come. Desafortunadamente, algunas de estas plantas son venenosas (*poisonous*). Completa las oraciones con el futuro para contar lo que le pasará.

1. Después de recoger unas plantas, Sergio _____ (ir) a su casa.

2. Sus compañeros le _____ (decir) que ya una vez eligió unas plantas venenosas y se enfermó.

3. Sergio no _____ (escuchar) a sus compañeros.

4. Con las plantas, Sergio _____ (hacer) una comida.

5. Los compañeros no _____ (querer) comerla.

6. Sergio _____ (comer) toda la comida que preparó con esas plantas.

7. La mañana siguiente, Sergio _____ (tener) dolor de estómago.

8. Los compañeros _____ (saber) que tenían razón.

2 **Un proyecto científico** Lee estas oraciones sobre un grupo de científicos y completa cada una con la opción correcta.

1. Un centro de investigación de biología de México _____ (poder/poner) dedicar fondos para realizar un proyecto que _____ (poder/tener) lugar en una zona montañosa de Colombia.

2. Un grupo de científicos de ese centro _____ (tener/investigar) que viajar a ese país por seis meses para realizar una investigación con monos. Los científicos _____ (visitar/vivir) en casas de familia.

3. Este grupo _____ (trabajar/curar) a monos con enfermedades contagiosas, y por ello _____ (tener/pedir) que recibir vacunas antes de viajar.

4. La comunidad que los reciba _____ (saber/hablar) los detalles de esta investigación cuando el equipo científico llegue. Además, el equipo le _____ (divertir/enseñar) a la comunidad sobre medidas de prevención contra esta enfermedad contagiosa.

5. El equipo científico asegura que la comunidad de monos de esa región _____ (volver/llegar) a recuperarse y muchas nuevas crías _____ (nacer/vivir).

6. Esta enfermedad _____ (aumentar/acabar) y la condición de vida de los monos _____ (saber/mejorar).

7. Los científicos _____ (tratar/prohibir) de llevar alimentos para expediciones lejos de la comunidad, pero en algunos pocos casos _____ (guardar/cazar) aves comestibles que no estén en peligro de extinción.

8. Seguramente, los investigadores _____ (tener/decir) mucho éxito.

3 **Planes para el futuro** Sergio y su novia Isabel están enamorados y como todas las parejas enamoradas, hablan de su vida. Indica si se habla del pasado, del presente o del futuro. Después, cambia las oraciones que hablan del futuro como en el modelo.

> **modelo**
>
> Yo no era feliz, hasta que te conocí. (**Pasado**)
> Dentro de dos años vamos a tener cuatro hijos. (**Futuro**)
>
> *Dentro de dos años **tendremos** cuatro hijos.*

Pasado	Presente	Futuro	
○	○	○	1. Ahora salimos mucho los fines de semana.
○	○	○	2. Lo pasamos muy bien en la costa el otro día, ¿verdad?
○	○	○	3. Van a venir mis padres para conocerte.
○	○	○	4. En nuestra boda va a haber una banda que toque toda la noche.
○	○	○	5. Encontré un apartamento precioso para vivir juntos.
○	○	○	6. Nunca voy a dejar de quererte.
○	○	○	7. Juntos vamos a ser muy felices.

_____

_____

_____

_____

4 **Saber del futuro** Tú eres ecologista. Crees que si no cuidamos nuestro planeta, el futuro traerá su destrucción. Escribe una composición para contar lo que pasará si no cuidamos nuestro planeta, usando las expresiones de la lista y otras más. Escribe un título para tu composición.

calentamiento	extinguir
capa de ozono	inundar
combustible	plantas nucleares
consumo de energía	proteger

Título: _____

_____

_____

_____

_____

_____

_____

_____

_____

5.2 The conditional

1 **¿Qué hacemos?** Marcos e Isabel hablan sobre qué hacer el fin de semana. Completa la conversación usando el condicional.

MARCOS Oye, Isabel, tengo una idea. ¿Qué te parece si visitamos algún pueblo de las montañas este fin de semana con mis hermanos?

ISABEL Hmm, no sé si 1) _____ (salir) de excursión a las montañas. Además, no sé como todo el equipaje 2) _____ (caber) en ese auto tan pequeño que tiene tu hermano.

MARCOS No te preocupes, mujer. Nosotros 3) _____ (poner) en las mochilas cosas de extrema necesidad únicamente. Además, mis hermanos 4) _____ (hacer) toda la comida.

ISABEL Hmm... Y, ¿qué 5) _____ (usar) tú para dormir?

MARCOS No sé todavía qué carpas 6) _____ (ser) las que llevaremos. 7) _____ (poder) averiguar eso ahora mismo si quieres.

ISABEL Bueno, está bien. 8) _____ (valer) la pena. Después de todo, tendría que elegir entre morirme de aburrimiento sola en mi apartamento y morirme de la risa con los chistes ridículos de tus hermanos. Te llamo luego para definir los planes.

2 **Noticias inciertas** A veces, en las noticias periodísticas se usa el condicional para especular sobre hechos o situaciones todavía inciertos. Escribe en condicional el verbo subrayado para cada uno de estos títulos de noticias.

1. El próximo verano <u>será</u> muy caluroso. Soplará el viento del sur.

_____

2. Nuevas investigaciones en China indican que los osos panda <u>se extinguirán</u>.

_____

3. Los científicos afirman que <u>hay</u> muchas plantas sin descubrir.

_____

4. Las partes más profundas del planeta <u>se encuentran</u> en el centro del Océano Pacífico.

_____

5. La deforestación de los bosques <u>puede</u> producir tremendas erosiones de suelos.

_____

6. El gobierno <u>quiere</u> disminuir el consumo de energía eléctrica.

_____

3 **Con amabilidad** A los ayudantes del laboratorio no les gusta trabajar con Pedro porque éste sólo sabe dar órdenes. Completa el cuadro escribiendo cómo pedirías tú las mismas cosas, de forma educada. Sigue el modelo.

modelo

Pedro	Tú
¡Dame el líquido azul!	¿Me darías el líquido azul, por favor?

1. ¡Mañana ven a la oficina a las ocho! _____
2. ¡Pon las cosas en su lugar! _____
3. ¡Sal a comprarme una botella de agua mineral! _____
4. ¡Dime los resultados! _____
5. ¡Llega temprano la semana próxima! _____
6. ¡Apaga la computadora! _____

4 **No era así** Antes de irse de viaje a Colombia, Sergio tenía algunas ideas equivocadas sobre ese país. Lee la lista de sus ideas equivocadas y luego completa las oraciones para explicar lo que creía antes y lo que sabe ahora después del viaje.

Las ideas equivocadas

> **modelo**
>
> Las ciudades colombianas son pequeñas.

1. Bogotá no tiene muchos parques.
2. Colombia no tiene buenas playas.
3. No hay mucha naturaleza.
4. El Carnaval de Barranquilla no me va a interesar.
5. No hay monos en el país.
6. La selva amazónica de Colombia no tiene muchos animales exóticos.

Lo que piensa ahora

> **modelo**
>
> Creía que *las ciudades colombianas serían pequeñas,*
> pero *algunas son muy grandes y cosmopolitas.*

1. Suponía que _____, sin embargo _____.

2. Pensaba que _____, pero _____.

3. Creía que _____, pero _____.

4. Me parecía que _____, por el contrario, _____.

5. Estaba seguro de que _____, sin embargo _____.

6. Me imaginaba que _____, pero _____.

5 **¿Qué pasaría?** Explica lo que posiblemente pasó en estas situaciones. Usa el condicional.

> **modelo**
>
> Una amiga que generalmente saca buenas notas no aprobó en un examen.
> *No estudiaría bastante.*

1. Una pareja que conoces decidió terminar la relación de repente. Ellos llevaban dos años juntos.

   _____

2. Escribiste un correo electrónico a una amiga hace una semana. Siempre contesta puntualmente, pero esta vez no ha contestado.

   _____

3. Hace un mes unos amigos se fueron a Costa Rica a un parque nacional. Nadie sabe nada de ellos.

   _____

4. Tus padres acaban de volver de un crucero y están enfermos. Tienen dolores de estómago y vómitos.

   _____

5. Un amigo tuvo una entrevista para un trabajo que le interesa mucho, pero no quiere contar cómo le fue.

   _____

5.3 Relative pronouns

1 **Un nuevo trabajo** Valeria se quedó sin trabajo pero pronto encontró otro. Completa las oraciones usando las cláusulas de la lista para poder saber lo que le ocurrió.

> a. en que trabajé durante doce años
> b. que tengo en el banco
> c. que me dio el secretario
> d. lo que quiero
> e. con quien me llevo muy bien
> f. quienes me ayudaron mucho
> g. quien es un hombre muy respetado

1. El proyecto para proteger el medio ambiente _____ se canceló la semana pasada.
2. Mis compañeros del proyecto, _____, me dijeron que me llamarían para otros proyectos.
3. Pronto me llamaron y llené el formulario _____ para colaborar en una organización nueva.
4. El presidente de esta organización, _____, quiere que le ayude.
5. ¿Qué es _____? Trabajar para que la contaminación no destruya nuestras vidas.
6. María, la directora del nuevo proyecto, _____, desea que empiece lo antes posible.
7. Me gustan tanto los proyectos que hacen que no me importaría darles todo el dinero _____.

2 **Lo que hay que hacer** Dale consejos a un(a) amigo/a tuyo/a usando la expresión **Lo que**. Sigue el modelo y sé creativo.

> **modelo**
> Un pájaro de la zona corre peligro de extinción.
> *Lo que tienes que hacer es proteger ese pájaro.*

1. Le muerde (*bites*) una serpiente venenosa.

   _____

2. Hay mucha contaminación en su ciudad.

   _____

3. Va a haber un huracán la semana que viene.

   _____

4. Sus amigos echan basura en el bosque.

   _____

5. Siempre malgasta mucho combustible.

   _____

6. Hay un incendio en un bosque cerca de su casa.

   _____

Workbook

3 **Marcos, un fotógrafo singular** Marcos habla de un proyecto que le salió muy bien. Selecciona la opción correcta para completar cada frase.

1. La semana pasada fui al bosque con una cámara de fotos, (que – la que – en que) compré hace poco.

2. El periodista que estaba conmigo, (de quien – quien – cuya) era muy amable, me dijo que me iba a ayudar con las fotos.

3. Lo primero que hice fue sacar una foto (en la que – con la que – por la que) se veía mucha basura por todas partes.

4. Después intenté tomar unas fotos de la reserva, (cuyos – cuyo – cuya) río tenía el agua contaminada.

5. Después con las fotos, fui a reunirme con el director de la revista, (por quien – de quien – con quien) no me llevaba muy bien porque él pensaba que yo no era un fotógrafo serio.

6. Le enseñé las fotos (que – los que – cuyas) eran para un artículo sobre el medio ambiente.

7. Él me dijo que eran muy buenas y que esa era la razón (por la que – de la que – en la que) él me quería dar otra oportunidad.

8. ¡Vaya sorpresa! El trabajo de fotógrafo (con el cual – para el cual – el cual) me contrataron en la revista me encanta y ahora el director y yo nos hicimos muy amigos.

4 **Experimentos** Paula habla de lo que hizo para proteger el derecho de los animales. Une cada par de oraciones con un pronombre relativo para contar su historia. Haz otros cambios que consideres necesarios.

> **modelo**
>
> Yo trabajaba en un laboratorio. El laboratorio tenía cuatro empleados.
> *Yo trabajaba en un laboratorio que tenía cuatro empleados.*

1. Yo tenía mucha experiencia en ese trabajo. Yo trabajaba como químico.

   _____

2. Era una empresa muy grande. Investigaban nuevos medicamentos.

   _____

3. Yo me preocupaba por nuestros experimentos. Los experimentos se hacían a veces con animales.

   _____

4. A los dos meses yo pedí hablar con el director. A él también le preocupaban los animales y quería protegerlos.

   _____

5. Un día, el director me dijo que iba a crear un departamento nuevo. En este departamento sólo se iba a investigar con plantas.

   _____

6. Ojalá pronto todas las empresas dejen de experimentar con animales. Todos los animales tienen que ser protegidos.

   _____

COMPOSICIÓN

▪ Paso 1

Lee el siguiente artículo.

Gran explosión en la Selva de Yungas

Orán, 28 de abril de 2002. Científicos del grupo Águila dorada, que tienen un campamento en la Selva de Yungas, informaron que ayer por la noche hubo una gran explosión en el gasoducto Mergas. El fuego podía verse desde kilómetros de distancia. Aún no se tiene mucha información sobre los daños provocados, pero la selva está en peligro.

En 1998, la empresa Mergas quería construir un gasoducto que atravesaría° la Selva de Yungas, en el norte de la República Argentina. Muchos ecologistas protestaron: "Quisiéramos que las autoridades controlen la información. Autorizar la construcción del gasoducto es como si autorizaran a destruir la selva. Porque si hay un accidente, se quemará gran parte de la selva. El lugar no es adecuado para construir un gasoducto. Hay mucho riesgo." Mergas respondió que estaría todo muy bien controlado: "Tomaremos todas las medidas de seguridad necesarias. Además, contribuiremos con la naturaleza, porque si se construye un gasoducto,

los habitantes de la Puna tendrán gas. Si ellos tienen gas, no cortarán° y quemarán° árboles".

El gobierno de Orán creyó los argumentos de Mergas y autorizó la construcción del gasoducto. La empresa lo terminó de construir en 1999. El año pasado, hubo una pequeña explosión que fue rápidamente controlada. Los grupos ecologistas protestaron, pero el gobierno le creyó nuevamente a Mergas: "No hay peligro. Todo está controlado."

¿Cómo explicará Mergas la explosión que hubo anoche? ¿Seguirá diciendo que no hay peligro? En 1998 dijeron que el gasoducto evitaría que los habitantes de la Puna cortaran y quemaran árboles. ¿Cuántos árboles se quemaron y se quemarán en este accidente? ¿Cuántos animales desaparecieron y desaparecerán? Hay especies de animales y de plantas que solamente crecen en la Selva de Yungas. ¿Se extinguirán esas especies en este gran incendio? ¿Cuánto tiempo llevará recuperar la selva? ¿Se podrá recuperar?

atravesaría *would go through*   **cortarán** *cut*   **quemarán** *burn*

▪ Paso 2

Escribe un párrafo en el que das las posibles respuestas a las preguntas que hace el periodista en la parte final de la noticia. Escribe oraciones completas y termina tu composición con tu opinión sobre este tipo de problemas de contaminación. Usa el futuro, el condicional y los pronombres relativos.

- Primero, anota tos ideas; luego, organízalas y haz un borrador (*draft*).
- Termina la composición con una oración que resuma lo que opinas.
- Comprueba el uso correcto del futuro, del condicional y de los pronombres relativos.

_____

_____

_____

_____

_____

_____

_____

PARA EMPEZAR

Lección 6

1 **La intrusa** Indica la palabra que no pertenece a cada grupo y luego explica por qué no pertenece.

1. ladrón   terrorista   abogado

_____ no pertenece porque _____

2. derechos humanos   igualdad   crueldad

_____ no pertenece porque _____

3. pelear   elegir   votar

_____ no pertenece porque _____

4. guerra   violencia   seguridad

_____ no pertenece porque _____

5. delito   oprimido   analfabeto

_____ no pertenece porque _____

6. chantajear   espiar   ganar

_____ no pertenece porque _____

7. libertad   amenaza   justicia

_____ no pertenece porque _____

8. elegir   secuestrar   chantajear

_____ no pertenece porque _____

2 **Ideas para el lema de la campaña** Completa estos comentarios de varios candidatos políticos con las palabras de la lista.

dedicarse	ejército	justicia
democracia	huir	libertad
derechos	igualdad	temor
encarcelar	injusto	tribunal

1. La única forma justa de gobierno es la _____.

2. Apoyamos la iniciativa _____ que va a juzgar a todos los que espiaban al presidente.

3. Tenemos que ser valientes. No podemos vivir con _____ por la amenaza terrorista.

4. Nuestro partido cree en la _____ de todos los ciudadanos.

5. Debemos defender la _____ de prensa.

6. Estamos cansados de _____ de los problemas. Llegó el momento de dedicarse a defender nuestros _____.

7. Un gobierno que no respeta los derechos humanos es un gobierno _____.

8. El _____, que se está preparando ante la posibilidad de una guerra, tiene que evitar que haya víctimas inocentes.

IMAGINA

Chile

Workbook

1 **¿Cuánto sabes?** Contesta las preguntas con oraciones completas.

1. ¿Por qué Pablo Neruda le puso el nombre de Cometa Marino a Chile?

_____

2. ¿Cuántas millas de longitud tiene Chile?

_____

3. ¿Qué islas famosas están en territorio chileno?

_____

4. ¿A qué archipiélago pertenece la isla de Robinson Crusoe?

_____

5. ¿En qué océano está la isla de Pascua?

_____

6. ¿Por qué es famosa la isla de Pascua?

_____

7. ¿Qué son los moais?

_____

8. ¿Qué zona es considerada una de las más secas del planeta?

_____

9. ¿Qué cuidades chilenas se recomiendan para las personas que les interese conocer la vida urbana?

_____

10. ¿Quiénes son los mapuches?

_____

Documental

2 **¿Cierto o falso?** Después de ver el documental, indica si lo que se dice en las oraciones es **cierto** o **falso**.

	Cierto	Falso
1. El grupo Mamma Soul está integrado sólo por mujeres.	○	○
2. Cuando se filmó el documental, Mysty-K tenía 22 años.	○	○
3. La integración social en Chile no le preocupa a Mysty-K.	○	○
4. Mysty-K es autodidacta, vocalista y compositora.	○	○
5. A esta cantante se le conoce más por su nombre artístico que por su nombre de nacimiento.	○	○
6. A Mysty-K no le gusta participar en talleres musicales.	○	○
7. Algunas personas la ven como una guía que les da ánimo para seguir adelante.	○	○

Galería de creadores   Lección 6

1 **Arte**

A. Completa los datos sobre la pintura.

Artista: _____

Profesión: _____

Origen: _____

Título de la pintura: _____

Movimiento artístico: _____

B. Describe y analiza el contenido de la pintura. ¿Qué crees que quiere expresar el autor? ¿Te gusta? ¿Por qué?

_____

_____

_____

_____

_____

_____

_____

_____

_____

_____

2 **Hispanos célebres** Contesta las preguntas con oraciones completas.

1. ¿Quién es Isabel Allende?

_____

2. ¿Cuál fue la primera novela de Isabel Allende?

_____

3. ¿Quién es Violeta Parra?

_____

4. ¿Cuál es una de sus canciones más conocidas?

_____

5. ¿Cuál es la profesión de Miguel Littín?

_____

6. ¿Cuándo fue conocido internacionalmente?

_____

ESTRUCTURAS

Lección 6

6.1 The subjunctive in adverbial clauses

1 **Preparar el debate** Un grupo de asesores está ayudando a un candidato político a prepararse para un importante debate en un programa de televisión. Completa sus consejos y comentarios con los verbos entre paréntesis.

1. Debes soportar la presión, no le interrumpas nunca a menos que _____ (desear) explicar algo que él dijo.
2. Es muy importante que _____ (mirar) siempre a la cámara para que el público te _____ (creer).
3. No vas a ganar las elecciones sin que los electores _____ (ver) que eres el mejor.
4. Cuando _____ (empezar) el debate, te vas a sentir más relajado.
5. En cuanto _____ (ponerse) el micrófono, empezará el debate.
6. Puedes no contestar una pregunta siempre que tú _____ (pensar) que no es necesario hacerlo.
7. Después de que el presentador te _____ (hacer) la última pregunta, nos vamos a celebrarlo.
8. Podrás ir a tu casa tan pronto como _____ (ganar) las elecciones.

2 **El debate** El candidato político de la **actividad 1** ahora está practicando lo que va a decir en el debate. Usa el subjuntivo o el indicativo de los verbos de la lista para completar las oraciones con lo que dice.

cumplir	hacer
dejar	ir
elegir	levantarse
estar	querer

1. Hasta que no _____ los treinta años, no me interesó la política.
2. Todas las mañanas, en cuanto _____, hago ejercicio.
3. Mis doctores me dicen que tengo muy buena salud y que, si sigo con mi plan de ejercicio, _____ fuerte para las elecciones.
4. Iré a la reunión siempre que la prensa _____ preguntas sobre mis ideas políticas y no mi vida personal.
5. A mí me gusta saludar a todo el mundo cuando _____ a una ciudad por primera vez.
6. Antes de que yo _____ la política, yo mejoraré la economía del país.
7. Gobernaré junto con el partido de la oposición con tal de que ellos _____ el bienestar de todos.
8. Prometo que seré un buen presidente luego que el país me _____.

3 **Entrevista** Imagina que eres un(a) periodista y debes entrevistar a una candidata política. Lee sus respuestas y escribe las preguntas que le haces tú.

1. ¿_____?

   Después que salga elegida presidente voy a defender los derechos de todos.

2. ¿_____?

   Luego que me reúna con todos los partidos, quiero aprobar una ley para luchar contra el terrorismo.

3. ¿_____?

   En cuanto tenga tiempo, quiero reunirme con las organizaciones de defensa del medio ambiente. Es importante para nuestro futuro como país.

4. ¿_____?

   No, no voy a hablar de mis planes para la paz hasta que sea elegida presidente.

5. ¿_____?

   Con tal de que quieran cooperar con el gobierno, prometo dedicarme a hablar con los grupos conservadores y con los liberales.

6. ¿_____?

   Cuando termine mi gobierno, verán un país mejor con una democracia más sana.

4 **Ahora tú** Imagina que eres un(a) candidato/a a presidente de tu país y que acabas de ganar las elecciones. Escribe al menos seis oraciones del discurso que vas a dar en televisión después de saber que ganaste. Usa las expresiones de la lista.

a pesar de que	para que
cuando	siempre que
en cuanto	tan pronto como

_____

_____

_____

_____

_____

_____

_____

_____

_____

_____

_____

_____

_____

_____

6.2 The past subjunctive

1   **La esperanza** Escribe lo que todos quisieran tener en un mundo ideal.

1. Yo <u>quiero</u> un presidente justo.

    _____

2. Nosotros <u>queremos</u> terminar con el terrorismo.

    _____

3. El país <u>quiere</u> un futuro sin guerras.

    _____

4. Los países vecinos <u>quieren</u> mejorar las relaciones internacionales.

    _____

5. <u>Quieres</u> votar por el mejor candidato.

    _____

6. Ustedes <u>quieren</u> seguridad en las calles.

    _____

2   **Alrededor del fuego** Completa las frases sobre política para formar oraciones completas con **como si** y el imperfecto del subjuntivo de los verbos de la lista.

> ser suyo
>
> ir a perder las elecciones
>
> ser especialistas en política internacional
>
> no entender lo que yo le estaba diciendo
>
> todos nosotros tener mucho dinero
>
> no importar el medio ambiente

1. Gasta el dinero del partido como si _____

2. Hablan de ahorrar como si... _____

3. Me miró como si... _____

4. Hablan de conseguir la paz como si... _____

5. En la reunión del partido, todos estábamos preocupados como si... _____

6. Tratan a los activistas como si... _____

3 **Comentarios en la oficina** Es época de elecciones nacionales. Completa la conversación entre unos compañeros de trabajo con los verbos en el imperfecto del subjuntivo.

aprobar	juzgar
dedicarse	saber
defender	secuestrar
estar	seguir
hablar	ser

SERGIO ¡Estás equivocado! El candidato liberal se oponía a la reforma constitucional, él no creía que 1) _____ necesaria.

MANUEL Me sorprendió que él no 2) _____ el proyecto de la reforma, pero él lo dijo en el debate. Por el otro lado, él quería que su gobierno 3) _____ una ley sobre el medio ambiente lo antes posible. No deseaba que todo 4) _____ igual que antes.

SERGIO Y el candidato conservador no quería que los tribunales 5) _____ a los políticos acusados de corrupción. No lo comprendo. Yo pensaba que él no iba a permitir que esos ladrones 6) _____ en libertad, disfrutando del dinero de todos.

MARTA Esta vez, yo deseaba que los candidatos 7) _____ de sus planes para el futuro y no 8) _____ a pelear... ¡como siempre!

4 **Discurso político** Completa lo que dice Manuel de la **actividad 3** sobre un discurso político que escuchó en televisión. Sigue el modelo.

> **modelo**
> desear / mejorar / la economía
> *El candidato deseó que todos mejoráramos la economía.*

1. decir / luchar / terrorismo

   _____

2. aconsejar / defender / víctimas de la injusticia

   _____

3. insistir / encarcelar / ladrones

   _____

4. pedir / dedicarse / mejorar la democracia

   _____

5. exigir / pagar / los impuestos

   _____

6. recomendar / pelear / abuso de poder

   _____

7. rogar / luchar / derechos humanos

   _____

8. prohibir / huir / de los problemas reales del país

   _____

6.3 Comparisons and superlatives

1 **Los candidatos** Lee las fichas de dos candidatos políticos. Luego completa las comparaciones con las palabras de la lista basándote en la información que que leíste.

FICHA	FICHA
Enrique Araneda	Antonio Suárez
Edad: 46 años	Edad: 55 años
Mide: 1.80 m	Mide: 1.90 m
Estado civil: casado	Estado civil: casado
Hijos: tres	Hijos: tres
Estudios: Máster en Economía	Estudios: Máster en Ciencias Políticas, Máster en Economía
Ideología: Liberal	Ideología: Conservador
Experiencia política: gobernador por ocho años	Experiencia política: gobernador por cuatro años
Salario anual: $1.000.000	Salario anual: $1.000.000
Afiliado a: Organización de Sindicatos Unidos, Organización Ayuda Verde, Organización Mar Limpio	Afiliado a: Organización por la Paz, Organización Acción Popular, Organización de Políticos Católicos

como	que	tantas
más	tan	tanto
menos	tanta	tantos

1. Enrique Araneda es _____más_____ joven _____ Antonio Suárez

2. Enrique Araneda tiene _____ hijos _____ Antonio Suárez.

3. El candidato conservador tiene _____ experiencia política _____ el liberal.

4. Antonio Suárez es _____ rico _____ Enrique Araneda.

5. El candidato liberal tiene _____ estudios _____ el candidato conservador.

6. El candidato conservador está afiliado a _____ organizaciones _____ el candidato liberal.

2 **Más información** Repasa la información de la **actividad 1 Los candidatos** y responde a las siguientes preguntas sobre los candidatos. Usa oraciones completas.

1. ¿Quién es el candidato más joven?

_____

2. ¿Quién es el que tiene menos experiencia en política?

_____

3. ¿Y quién es el más alto?

_____

4. Con la información que tienes, ¿quién crees tú que es el mejor candidato? ¿Por qué?

_____

3 **No estoy de acuerdo** Lee comparaciones sobre personas y niega cada una ellas o escribe la comparación opuesta como en el modelo.

> **modelo**
>
> Agustín es más inteligente que Roberto.
> *No, Agustín no es más inteligente que Roberto. Roberto es más inteligente que Agustín.*

1. María es la que gana más de mil pesos por mes.

   _____

2. Diego es el que sabe tantos idiomas como Ana.

   _____

3. Ernesto es mayor que Diego.

   _____

4. Ana es la que peor habla en público.

   _____

5. Susana es menos rápida con los números que Ana.

   _____

6. Roberto es el que menos trabaja.

   _____

7. Martín es el que siempre anda con tantas maletas como yo.

   _____

4 **Una carta** Un candidato está viajando mucho para su campaña electoral. Está cansado de los hoteles y extraña a su familia. Lee la carta que le escribió a su familia y complétala con **más/menos** o **tan/tanto/a(s)**.

> Querida familia:
>
> Ya estoy en Santiago. Llegué hace dos días. Estoy alojado en el Hotel Internacional. No me gusta mucho para nada. Me gustó mucho más que el Hotel Central de Viña del Mar. Este hotel es 1) _____ elegante como el de Viña, pero yo estoy 2) _____ contento aquí que allá. Aquí hay 3) _____ habitaciones como en el Hotel Central, pero hay 4) _____ comodidades que allá. La habitación es 5) _____ grande como la de Viña. Pero la cama es 6) _____ cómoda y el servicio de habitación es 7) _____ frecuente que en el Hotel Central. En Viña, el ascensor es nuevo y por eso es 8) _____ rápido y el salón es 9) _____ cómodo que aquí. También extraño el servicio de Viña. El desayuno es 10) _____ rico aquí como en Viña, pero los meseros son 11) _____ amables allá. Mañana mismo voy a cambiar de hotel. Después voy a escribirles para contarles dónde voy a estar las próximas dos semanas. Deséenme suerte. Las elecciones están cerca y creo que vamos a ganar.
>
> Un beso grande para todos.
>
> Enrique

COMPOSICIÓN

▪ Paso 1

Contesta las preguntas.

1. ¿Te interesa la política? ¿Por qué?

   _____
   _____

2. ¿Piensas que la democracia es el mejor tipo de gobierno? ¿Por qué?

   _____
   _____

3. Imagina que tienes el poder para hacerlo, ¿qué ley aprobarías?

   _____
   _____

▪ Paso 2

Escribe un artículo de opinión sobre un(a) político/a del pasado o de la actualidad. Usa comparativos y superlativos y, al menos, un verbo en subjuntivo con oraciones adverbiales y otro en imperfecto del subjuntivo.

- Inicia tu artículo presentando a la figura que has elegido.
- Explica por qué te interesa hablar de esta persona: ¿Es alguien popular? ¿Por qué crees que lo es?
- Explica las ideas que tiene este personaje: ¿Te sientes identificado/a o no con sus ideas?
- Ordena las ideas y escribe un borrador (*draft*).
- Concluye el artículo explicando brevemente por qué estás de acuerdo o no con las ideas que representa o agregando un dato de interés, una pregunta, etc.
- Comprueba el uso correcto del subjuntivo y de los comparativos.

_____
_____
_____
_____
_____
_____
_____
_____
_____
_____
_____
_____

PARA EMPEZAR

Lección 7

1 **¿Qué son?** Escribe una descripción o una definición para estas palabras y expresiones.

1. el impuesto

   _____

2. el presupuesto

   _____

3. cobrar

   _____

4. el sindicato

   _____

5. jubilarse

   _____

6. el cajero automático

   _____

7. la bancarrota

   _____

8. la cuenta de ahorros

   _____

2 **Conversaciones en Blas & Co.** Completa estas conversaciones sobre situaciones laborales con las palabras de la lista. Haz los cambios que sean necesarios.

bolsa	presión
deuda	puesto
dinero	reunión
dueño de la empresa	sindicato
impuesto	sueldo

CONVERSACIÓN 1

—Señor Domínguez, el 1) _____ está planeando una 2) _____.

—¿Cuál es el problema ahora?

—Trabajamos bajo mucha 3) _____ y siempre cumplimos con las fechas. Queremos cobrar más 4) _____ por trabajar en estas malas condiciones.

—Bien, lo discutiré con el 5) _____, pero dudo que escuche sin razones convincentes.

CONVERSACIÓN 2

—Señorita Rodríguez, su currículum es muy interesante. Sus estudios y experiencia son adecuados. El 6) _____ es suyo. ¿Puede comenzar a trabajar el lunes próximo?

—¡Claro que sí! ¿Puedo preguntarle cuál es el 7) _____?

—Es de $2.000 por mes, si le quita los 8) _____.

IMAGINA

Lección 7

Bolivia y Paraguay

1 **¿Cuánto sabes?** Contesta las preguntas.

1. ¿Qué países tienen más de una lengua oficial?
   _____

2. ¿Qué lenguas son oficiales en Bolivia?
   _____

3. ¿En qué zonas se habla el guaraní normalmente?
   _____

4. ¿Cuál es la ciudad más alta del mundo?
   _____

5. ¿En qué país está la represa Itaipú?
   _____

6. ¿Cuás es el humedal más extenso del mundo?
   _____

7. ¿Quiénes fundaron las reducciones?
   _____

8. ¿Qué río le da acceso al mar a Paraguay?
   _____

Documental

2 **Seleccionar** Después de ver el documental, completa las oraciones con la opción correcta.

1. El gran carnaval de Oruro es la fiesta religiosa más _____ del altiplano andino.
   a. sencilla   b. aburrida   c. impresionante

2. Las personas generalmente vienen en _____ y en _____ al carnaval de Oruro.
   a. tren; autobús   b. barco; avión   c. autobús; barco

3. Las profundas riquezas y tradiciones _____ sobreviven en la música y danza rituales ejecutadas durante el carnaval.
   a. mayas   b. aztecas   c. andinas

4. Blanca Sánchez es una artesana que se dedica _____ de trajes tradicionales.
   a. a la pintura   b. al bordado   c. a la compra

5. Los miembros de la familia Flores se han dedicado a fabricar máscaras desde hace _____ años.
   a. diez   b. muchos   c. dos

6. Las máscaras que se fabrican para el carnaval tienen que ser _____ hermosos.
   a. de muchos colores y detalles   b. de muchos colores pero simples   c. de formas muy sencillas

Galería de creadores   **Lección 7**

1   **Un poco de arte** Completa los datos sobre la pintura.

Artista: _____

Profesión: _____

Origen: _____

Título de la pintura: _____

2   **Analizar** Escribe una descripción de la pintura. Considera estas preguntas: ¿Qué ves? ¿Qué crees que quiere expresar el pintor? ¿Hay algún detalle que sea interesante? ¿Por qué?

_____

_____

_____

_____

_____

3   **Hispanos célebres** Contesta las preguntas.

1. ¿Quién es Arturo Roa Bastos?

_____

2. ¿Dónde nació Roa Bastos?

_____

3. ¿Cuál es uno de los temas principales de la obra de Roa Bastos?

_____

4. ¿Cuáles son algunas de las obras de Josefina Plá?

_____

5. ¿Cuál es la profesión de Graciela Rodo Boulager?

_____

6. ¿Qué temas se encuentran normalmente en las pinturas de Rodo Boulager?

_____

ESTRUCTURAS

Lección 7

7.1 The present perfect

1

¡Dos ofertas! Marcos acaba de encontrar trabajo y le escribe a una amiga para contarle la noticia. Completa su mensaje con el pretérito perfecto de los verbos de la lista.

aceptar	llamar
dar	ofrecer
decir	pedir
estar	recibir
hacer	ser

Hoy estoy muy contento, 1) _____ sonriendo todo el día. ¡Encontré trabajo! Esto se lo tengo que agradecer a Juan, mi compañero de cuarto, quien me 2) _____ muchos consejos mientras buscaba trabajo, y 3) _____ realmente muy paciente conmigo. Quiero que lo conozcas. En fin. Te cuento: ¿Recuerdas que dos meses atrás escribí una carta a la multinacional *AVD* y otra a la industria *Persa*? ¡No lo vas a creer! 4) _____ ofertas de las dos empresas. Primero, me 5) _____ de la multinacional *AVD*, y los gerentes me 6) _____ que empiece a trabajar con ellos lo antes posible. Primero pensé que era una broma... Esta semana tuve las dos entrevistas. En *AVD* me 7) _____ un sueldo mínimo y un contrato por tres meses, en *Persa* me 8) _____ que me dan un trabajo permanente y un sueldo muy bueno. Al final, yo 9) _____ el trabajo en *Persa*. Lo primero que 10) _____: ¡llamar a mis padres para decirles que les puedo devolver el dinero que me prestaron!

2

Una mañana terrible Aurora Masó tiene una importantísima entrevista de trabajo, pero llega tarde. Completa la conversación con el pretérito perfecto.

RECEPCIONISTA   No se preocupe señora. El jefe aún no 1) _____ (llegar). Él también está retrasado. ¿Usted 2) _____ (ver) cómo 3) _____ (estar) lloviendo toda la mañana? ¿4) _____ (oír) la radio? Los noticieros 5) _____ (decir) que va a seguir así todo el día.

CANDIDATA   ¡Ya, ya (yo) lo 6) _____ (ver)! Cuando 7) _____ (levantarse) esta mañana, 8) _____ (mirar) por la ventana... y no me lo podía creer... No 9) _____ (poder) cruzar la calle hasta que la lluvia 10) _____ (empezar) a parar... Y luego me 11) _____ (preocuparse) porque no podía llegar a la entrevista de trabajo a tiempo. Mi reloj se 12) _____ (romper) y no me 13) _____ (dar) cuenta hasta hace dos horas.

RECEPCIONISTA   Ya le digo, no se preocupe. Muchos empleados de la empresa todavía no 14) _____ (llegar). Siéntese y relájese, verá cómo la entrevista le va a salir muy bien.

CANDIDATA   Sí, tiene razón. 15) _____ (ser) una mañana terrible. Muchas gracias y avíseme cuando llegue su jefe.

3 **Consejos para la entrevista** Algunos estudiantes en su último año de estudios han ido a un centro en el que les van a ayudar a encontrar su primer empleo. Contesta las preguntas que les hace una consejera laboral como si tú estuvieras allí. Usa el pretérito perfecto.

1. ¿Han buscado información sobre la empresa en Internet?

   _____

2. ¿Han escrito su currículum con cuidado? ¿Lo han corregido?

   _____

3. Y tú, ¿te has vestido correctamente para la entrevista?

   _____

4. Y Alicia, ¿has dormido ocho horas? ¿Has ido al gimnasio para estar relajada?

   _____

5. Manuel, ¿has practicado la entrevista con un amigo?

   _____

6. Y todos, ¿han leído los consejos que dan los entrevistadores?

   _____

4 **Cuestiones de dinero** Lee las oraciones acerca de diferentes circunstancias financieras. Luego, elige la opción de la lista que mejor explique cada situación y escribe lo que las personas han hecho en cada caso.

> a. invertir un millón de dólares en la bolsa de valores
> b. pedir un préstamo en el banco
> c. estar bajo muchísima presión para no despedir a nadie
> d. abrir una cuenta corriente con muy poco dinero
> e. perder la tarjeta de crédito
> f. gastar todos los ahorros

1. Necesito encontrar un puesto de trabajo. Ya no tengo dinero en el banco.

   _____

2. Queremos comprar una casa en las afueras de la ciudad.

   _____

3. Van al banco para pedir otra tarjeta de crédito.

   _____

4. Es la primera vez que tenemos empleo. No tenemos mucho dinero, pero queremos tenerlo en el banco.

   _____

5. Los últimos meses he tenido mucho éxito en los negocios, por eso quiero invertir a largo plazo.

   _____

6. Su empresa ha tenido problemas durante los últimos años por culpa de la crisis económica.

   _____

7.2 The present perfect subjunctive

1 **¿Una situación injusta?** Completa la conversación entre dos compañeros de trabajo sobre un despido (*firing*) de otro compañero con el pretérito perfecto del indicativo o el pretérito perfecto del subjuntivo. Usa los verbos de la lista.

ha aprovechado	haya aprovechado
han despedido	hayan despedido
han dicho	hayan dicho
han escrito	hayan escrito
han hablado	hayan hablado
han hecho	hayan hecho
han sido	hayan sido

ANTONIO   ¡Qué mala suerte! He oído que 1) _____ a tu amigo Luis.

LEOPOLDO   No me sorprende que lo 2) _____. Él nunca cumple con su horario de

trabajo. De todas formas, dudo que los gerentes de la empresa 3) _____

antes con él directamente. Es seguro que se lo 4) _____ por carta. Y eso

me parece mal.

ANTONIO   No estoy seguro de que le 5) _____ una carta. Y pienso que los gerentes

6) _____ injustos con él.

LEOPOLDO   ¿No crees que los gerentes 7) _____ lo correcto?

ANTONIO   No estoy seguro. Sólo creo que todo ha pasado muy rápidamente y que dudo de que

Luis se 8) _____ de la empresa. Es verdad que a veces no seguía las

reglas, pero siempre hizo muy bien su trabajo.

2 **¿Por qué?**   Luis, el empleado despedido de la actividad anterior, decide escribir un correo electrónico a algunos compañeros de trabajo. Completa el mensaje con la forma apropiada del pretérito perfecto del indicativo o el pretérito perfecto del subjuntivo.

> Quienes 1) _____ (trabajar) conmigo en los últimos años sabrán por qué
>
> escribo este correo. Espero que todos 2) _____ (sentir) el mismo enojo que yo
>
> sentí al conocer mi despido. Lamentablemente, dudo que ustedes 3) _____ (enojarse)
>
> lo suficiente como para protestar. No es extraño que ustedes no 4) _____
>
> (ponerse) tan furiosos como yo, pero sé que algunos se han alegrado. Y esto es muy triste
>
> para mí.
>
> Me molesta mucho que la empresa 5) _____ (llegar) a esta decisión. Pero
>
> me molesta más que algunos amigos y compañeros 6) _____ (estar) de acuerdo
>
> con esta medida. Durante el tiempo que he trabajado en la empresa, he tratado de hacer siempre
>
> el mejor trabajo. Sinceramente, no creo que la empresa 7) _____ (juzgar) mi
>
> trabajo imparcialmente. A pesar de lo mal tratado que, 8) _____ (ser), les deseo
>
> a todos buena suerte.
>
> Luis

3 **Una despedida poco amigable** ¿Recuerdas a Luis de las **actividades 1** y **2**? Mientras él recoge las cosas de su cubículo, Isabel, ex novia y compañera de trabajo, se acerca a despedirlo. Completa la conversación en la que ella contradice (*contradicts*) todo lo que dice Luis. Usa el pretérito perfecto del subjuntivo o del indicativo, según el contexto. Sigue el modelo.

> **modelo**
>
> **LUIS** Creo que la empresa ha sido injusta conmigo.
> **ISABEL** *No creo que la empresa haya sido injusta.*
> *Creo que ha sido una decisión necesaria.*

LUIS ¿Por qué? Dudo que la empresa haya hecho lo correcto.

ISABEL Al contrario. 1) _____. Deberías ser más trabajador.

LUIS Pienso que tu has oído sólo una parte de la historia verdadera.

ISABEL Te equivocas. 2) _____. Insisto en que has exagerado los hechos.

LUIS No creo que esta historia haya terminado. Y ¿además? ¿Qué ha ocurrido entre nosotros?

ISABEL ¿Entre nosotros? 3) _____. Mejor dicho, creo que nuestra historia nunca ha existido.

LUIS Pienso que me has engañado siempre.

ISABEL 4) _____. Creo que tú nunca has llegado a conocerme.

LUIS Es evidente que nunca me has querido.

ISABEL 5) _____, pero mi trabajo es mi trabajo.

LUIS No estoy seguro de que a nuestros amigos les haya gustado tu decisión.

ISABEL 6) _____. De lo contrario, me lo dirían.

4 **En el sindicato** Completa los pedidos que hacen los miembros de un sindicato con la forma adecuada de los verbos. Usa el presente del subjuntivo o el pretérito perfecto del subjuntivo, según corresponda.

1. Es increíble que en el siglo XXI, nuestra empresa _____ (decidir) bajar los sueldos.

2. Es necesario que _____ (existir) un control sobre los sueldos: pedimos que se _____ (prohibir) bajar los sueldos a los trabajadores sin que se les baje el sueldo a los gerentes también.

3. Esperamos que los gerentes ya _____ (revisar) su decisión.

4. Esperamos también que en la reunión de esta mañana _____ (buscar) otras soluciones a la crisis.

5. Ojalá que en su reunión los asesores _____ (pensar) más profundamente sobre esta situación y que _____ (decidir) renunciar a sus puestos.

6. Preferimos que de ahora en adelante se _____ (elegir) empleados que _____ (ser) responsables y que _____ (defender) los derechos básicos de los trabajadores.

Workbook

7.3 Uses of *se*

1

Extraños carteles Completa los extraños carteles que una nueva empleada encuentra en la oficina en su primer día de trabajo. Usa **se** y el verbo entre paréntesis.

1. (prohibir) almorzar frutas

   _____

2. (necesitar) seis secretarios más para hacer fotocopias y café

   _____

3. (pedir) que no trabajen mucho

   _____

4. aquí no (hablar) ningún idioma

   _____

5. no (poder) beber café

   _____

6. (permitir) perros y gatos en esta oficina.

   _____

2

Un memo Completa un memo que se escribió después de una reunión de trabajo. Usa **se** y las formas apropiadas del pretérito.

A: Todos los empleados

De: Arturo Gómez, Gerente

Fecha: 2/11/08

Memorandum

En la reunión del pasado miércoles se habló de lo siguiente:

1. _____ (anunciar) que el contador Miguel Pérez dejaba la empresa.
2. _____ (decir) que el presupuesto para el año que viene es muy bajo.
3. _____ (hacer) oficial que los sueldos no van a subir en los próximos meses.
4. _____ (pedir) a todos los empleados que trabajaran los fines de semana.
5. _____ (poner) un anuncio para buscar un nuevo asesor económico.
6. _____ (despedir) a dos de los asesores económicos.
7. _____ (contratar) a la ejecutiva Aurora Masó.

Si tienen preguntas, no duden en ponerse en contacto conmigo.

Arturo Gómez

Gerente de Empresas Vázquez

---

3 **Una reunión desastrosa** Usa **se**, un objeto indirecto y los verbos entre paréntesis para sabér qué pasó en una reunión de trabajo en la que todo salió mal. Sigue el modelo.

> **modelo**
> A mí _____ (perder) los informes semanales.
> A mí *se me perdieron* los informes semanales.

1. A los secretarios _____ (olvidar) las notas de la reunión anterior.
2. Al abogado _____ (perder) las tarjetas de crédito de la empresa.
3. A todos los demás empleados _____ (dañar) las computadoras.
4. Al gerente _____ (quedar) los documentos en casa.
5. A la gerente _____ (perder) la agenda y tuvo que cancelar la reunión para hablar de las novedades de la empresa.
6. Al contador _____ (dañar) la calculadora.
7. A un vendedor _____ (caer) el proyector al suelo y lo dañó.
8. A la ejecutiva nueva _____ (acabar) la paciencia.

4 **¿Soluciones?** Los empleados comentan sobre problemas en la empresa y proponen algunas soluciones. Escribe sus ideas usando las palabras dadas y **se**. Sigue el modelo.

> **modelo**
> Empleados
> tener que contratar más empleados
> *Se tienen que contratar más empleados.*

1. Gerente
   deber despedir más empleados
   _____

2. Miembro del sindicato
   necesitar conseguir mas aumentos de sueldo
   _____

3. Vendedor
   tener que conseguir más clientes
   _____

4. Dueño de una compañía
   invertir demasiado dinero en la bolsa de valores
   _____

5. Contador
   gastar demasiado dinero en cosas sin importancia
   _____

6. Gerente de ventas
   tener pocos vendedores
   _____

7. Asesor
   tomar muchas vacaciones
   _____

8. Ejecutiva
   tener que cambiar muchas cosas
   _____

Workbook

Workbook

COMPOSICIÓN

▪ Paso 1

Lee el siguiente fragmento de un artículo sobre la desigualdad económica.

> En la mayoría de los países latinoamericanos hay leyes que defienden los derechos de las mujeres. Uno de esos derechos es el derecho a la igualdad de posibilidades para el trabajo. Sin embargo, en muchos casos, este derecho no se cumple.

> La pobreza y las políticas de los países, en muchos casos guiadas por los grandes grupos internacionales, no sólo perjudican a las mujeres, sino que afectan toda la región, la cual sufre una baja (*decrease*) de los sueldos. Sin embargo, las mujeres son las más perjudicadas (*affected*) pues las grandes empresas les pagan mucho menos que a los hombres que tienen los mismos empleos.

Escribe tu opinión sobre las ideas que se presentan en el fragmento.

1. ¿Es justo que las mujeres cobren menos que los hombres por los mismos empleos? Explica.

    _____

    _____

2. ¿Cuál es la situación laboral de la mujer en tu cultura?

    _____

    _____

3. ¿Cómo crees que las grandes empresas influyen en las políticas de gobierno? ¿Cómo han influido en los últimos años? Da dos ejemplos.

    _____

    _____

▪ Paso 2

Ahora, elige uno de estos temas, u otro que te interese más, y escribe una composición en una hoja aparte. Usa el pretérito perfecto del subjuntivo y del indicativo y el pronombre **se** que estudiaste en la lección.

> La globalización
> La lucha contra la pobreza
> El rol de la mujer en tu país

- Primero, realiza una lluvia de ideas (*brainstorming*).
- Luego, organiza las ideas y prepara un borrador (*draft*).
- Termina la composición con tu opinión personal.
- Comprueba el uso correcto de la gramática.

_____

_____

_____

_____

PARA EMPEZAR

Lección 8

1 **Nuestra ciencia** *Nuestra ciencia* es una revista de divulgación científica. Éstas son las fotos que se van a publicar en el próximo número. Indica qué título se corresponde con cada foto. Hay una nota que sobra.

 a.  b. 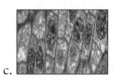 c.  d.  e.

_____ 1. La oveja Dolly y la ética de la clonación
_____ 2. El desafío de la nave Ariane: aterrizará en un planeta hasta ahora desconocido
_____ 3. La informática y las respuestas para el futuro
_____ 4. Nuevas claves sobre la teoría de la relatividad
_____ 5. Innovadores estudios sobre las estrellas y los agujeros negros
_____ 6. Intrigante descubrimiento sobre el desarrollo de las células

2 **La leyenda justa** Una leyenda es una descripción breve que suele acompañar una foto. Completa las leyendas con las palabras de la lista. Haz los cambios que sean necesarios.

clonado	desafío	explorar	reproductor de DVD
computadoras portátiles	estrella fugaz	quemar	telescopio

1. _____ son cada vez más pequeñas y ligeras.
2. Todo está preparado para la instalación del mayor _____ de la Tierra. Con él, se podrán ver partes del espacio nunca vistas.
3. El primer animal _____ que sobrevivió es Dolly.
4. Para ver películas, vas a necesitar _____.
5. ¿Por qué la gente pide un deseo cuando ve _____?
6. Todavía queda mucho por _____ en la superficie de la Luna.

3 **Definiciones** Empareja las palabras o expresiones con sus definiciones.

1. _____ la patente
2. _____ ético/a
3. _____ extraterrestre
4. _____ el ovni
5. _____ el gen

a. Que está acuerdo con las reglas morales que regulan el comportamiento (*behavior*) y las relaciones humanas
b. Partícula formada por ADN, que se encuentra en el núcleo de las células y que determina la herencia
c. Documento que se le da a alguien y en el que se le reconoce como autor de un invento
d. Objeto volador no identificado
e. Habitante de un planeta que no sea la Tierra

IMAGINA

Lección 8

Perú

1 **¿Cuánto sabes?** Contesta las preguntas.

1. ¿En qué año fue fundada Lima?

_____

2. ¿Cuál es el corazón de la ciudad desde los años coloniales?

_____

3. ¿Cuál es el estilo arquitectónico de los balcones de las casas coloniales?

_____

4. ¿Qué culturas se mezclan en el estilo mudéjar?

_____

5. ¿En qué barrio se encuentra el santuario del dios Pachacamac?

_____

6. ¿Qué ocurrió en la ciudad en el año 1746?

_____

7. ¿Cuántos habitantes tiene Lima?

_____

8. ¿Cuál fue la ciudad más importante de los Andes durante el imperio incaico?

_____

Documental

2 **¿Cierto o falso?** Después de ver el documental, indica si las oraciones son **ciertas** o **falsas**.

	Cierto	Falso
1. *Piratas en el Callao* es el quinto largometraje animado totalmente en Perú.	○	○
2. Eduardo, un niño de doce años, es el protagonista de la película.	○	○
3. El protagonista atraviesa un portal del tiempo que lo lleva al siglo XVII.	○	○
4. El planeamiento para la realización de esta película fue muy sencillo y corto.	○	○
5. La actriz que hizo la voz de Urfi tuvo que aprender el quechua para este trabajo.	○	○
6. Ninguno de los actores hizo más de una voz.	○	○
7. Una parte importante de la película fue la creación de los sonidos ambientales.	○	○

Workbook

Galería de creadores

Lección 8

Workbook

1 **Un poco de arte** Completa los datos sobre la pintura.

Artista: _____

Profesión: _____

Origen: _____

Título de la pintura: _____

2 **Analizar** Describe y analiza el contenido de la pintura.
1. ¿Qué crees que representa?

_____

_____

_____

2. ¿A qué movimiento artístico pertenece esta pintura? ¿Cómo lo sabes?

_____

_____

_____

_____

3 **Hispanos célebres** Contesta las preguntas.
1. ¿Quién es Mario Vargas Llosa?

_____

2. ¿Qué novela hizo famoso al escritor?

_____

3. ¿Qué premio recibió Vargas Llosa en 1994?

_____

4. ¿Quién está considerada como la embajadora artística de Latinoamérica?

_____

5. ¿Qué géneros canta Tania Libertad?

_____

6. ¿Cuál es la base de la música de los Hermanos Santa Cruz?

_____

ESTRUCTURAS

Lección 8

8.1 The past perfect

1

Un proyecto existoso Completa las oraciones relacionadas con una clase de genética usando el pluscuamperfecto.

1. El profesor les dijo a sus estudiantes que él _____ (guardar) los resultados de la investigación en la computadora.

2. Luego les preguntó qué _____ (descubrir) ellos sobre los genes durante el proyecto.

3. Todos dijeron que ellos _____ (terminar) el proyecto con mucho trabajo y mucho esfuerzo.

4. El profesor nunca _____ (ver) estudiantes tan preparados y dedicados.

5. Sus estudiantes nunca _____ (trabajar) tanto.

6. El profesor ya _____ (recibir) los resultados del último experimento antes de llegar a la clase.

7. Por fin, anunció que el experimento _____ (ser) un éxito.

2

Tarde de cine Reescribe estas oraciones en las que Mercedes habla de una salida al cine. Usa el pluscuamperfecto y sigue el modelo.

> **modelo**
>
> Me arreglé para salir. Antes, estuve en pijamas todo el día.
> *Ya había estado en pijamas todo el día cuando me arreglé para salir.*

1. Tomé un taxi para ir al cine. Antes me puse las lentes.

   _____

2. Mariana llegó a las nueve. Antes, reservó los boletos por Internet.

   _____

3. Entramos al cine. Antes, compramos las bebidas.

   _____

4. Nos sentamos. Antes, empezó la película de ciencia ficción.

   _____

5. Fuimos a tomar un café. Antes, llamé a mi amigo Juan para invitarlo.

   _____

6. Juan vino a tomar un café con nosotras. Antes, Juan comprobó que su experimento iba bien.

   _____

3

¿Qué hiciste ayer? Escribe dos oraciones contando qué habías hecho ayer antes de las situaciones indicadas. Usa el pluscuamperfecto.

1. Antes del desayuno

   _____

   _____

2. Antes del almuerzo

   _____

   _____

3. Antes de acostarte

   _____

   _____

4 **Falsas promesas** Andrés le cuenta a Mariana, su esposa, lo último que ha sucedido en su trabajo. Completa lo que dice usando el pluscuamperfecto y los verbos de la lista.

comprobar	desaparecer
contribuir	descargar
dar	pedir
decir	ser

ANDRÉS Ya te conté que Julio me 1) _____ que iba a poner mi nombre como coautor de la noticia publicada hoy en *Nuestra ciencia,* ¿verdad? Y eso me parecía justo porque él me 2) _____ mucha ayuda durante todo el proyecto.

MARIANA Sí, recuerdo. ¿Pero qué ha pasado?

ANDRÉS Pues, mira. Todos nuestros compañeros nos 3) _____ sus opiniones sobre la investigación y Julio y yo 4) _____ que todos los datos fueran correctos. Luego, él me dijo que yo 5) _____ mucho al éxito del proyecto, ¿no?

MARIANA ¡Qué bien!, ¿no?

ANDRÉS Bien, ¡ja! Hoy me he dado cuenta de que el artículo 6) _____ publicado y de que mi nombre 7) _____ del artículo. ¡No apareció por ninguna parte!

5 **Antes y ahora**

A. Mariana está un poco preocupada por su matrimonio pues el trabajo de Andrés se ha convertido en el centro de sus vidas. Completa el mensaje electrónico que ella le escribe a su amiga Mercedes, usando el pluscuamperfecto.

... De verdad, Mercedes, no sé qué hacer. Siempre me 1) _____ (decir) que me quería y ahora no me lo dice nunca. Además, siempre 2) _____ (hacer) él la reservación en algún restaurante elegante para celebrar nuestro aniversario. Ahora, las reservaciones las hago yo. No se cómo explicártelo... Yo siempre 3) _____ (pensar) que yo era más importante que su trabajo, pero ahora pasa largas horas en la oficina. Sabes que nosotros 4) _____ (decidir) comprar una casa en las afueras, ¿no? Pues ahora no tiene tiempo ni de mirar casas. Y nosotros siempre 5) _____ (soñar) con jubilarnos jóvenes. Ahora no veo cómo va a ocurrir. ¿Qué me aconsejas? ¿Podemos vernos mañana para hablar? ¡Estoy desesperada!

B. Ahora tú debes pensar en algo que habías pensado que iba a ser diferente y que, con el paso del tiempo, resultó ser de otra manera. Usa el pluscuamperfecto para narrar la anécdota.

_____

_____

_____

_____

_____

_____

_____

8.2 The past perfect subjunctive

1 **Reproches** Es fin de año, y los estudiantes de ciencias tienen que presentar sus mejores proyectos en una competencia anual, que ha tenido problemas. Completa los comentarios de los profesores sobre lo ocurrido usando el pluscuamperfecto de subjuntivo.

1. Era imposible que el proyecto del equipo de biología _____ (estar) bien estando Fernando como responsable del grupo. ¡Lástima que tú no lo _____ (elegir), Clara!

2. Dudé que otro profesor asistente _____ (contribuir) más que Fernando.

3. Todos somos responsables, supongo. No pensé que nosotros _____ (poder) estar tan equivocados.

4. De todas formas, yo me alegré de que los estudiantes _____ (intentar) un experimento tan innovador.

5. No estuve seguro de que los estudiantes de química _____ (seguir) bien todas las instrucciones de la competencia.

6. Los textos de varios equipos tenían muchos errores. Ahora entiendo por qué al profesor García le molestó que los estudiantes no los _____ (corregir).

7. Cuando anunciaron a los ganadores, me dio mucha vergüenza ser el director del laboratorio. Desafortunadamente, la única solución que _____ (ser) posible —empezar de nuevo con los proyectos— no era opción.

8. La verdad es que me enojó mucho que ustedes no _____ (preparar) mejor a los estudiantes.

2 **Otro punto de vista** Revisa la actividad anterior y luego completa con la forma verbal correcta lo que dicen varios estudiantes sobre algunos eventos de la competencia anual.

1. No creo que los estudiantes de ingeniería (hayan contribuido – hubieran contribuido) sólo con dos proyectos.

2. Me sorprendió que el profesor (haya borrado – hubiera borrado) todos los datos de sus estudiantes. ¡Qué mala suerte!

3. Era improbable que todos nuestros experimentos (hayan sido – hubieran sido) malos. Y sin embargo, así fue.

4. Tuve miedo de que los profesores se (hayan dado cuenta – hubieran dado cuenta) de que algunos entregamos los trabajos después de la fecha de entrega.

5. No estoy seguro de que el profesor de matemáticas (haya comprobado – hubiera comprobado) todo lo que sus estudiantes hicieron para los experimentos.

6. Temo que el director (haya decidido – hubiera decidido) cancelar la competición del próximo año.

7. Nunca pensé que tú (hayas pensado – hubieras pensado) que la competición fuera una estupidez.

8. Es poco probable que yo (haya quedado – hubiera quedado) mal. Ayudé un montón a los de mi equipo.

Workbook

3 **¿Extraterrestres?** Imagina que un(a) amigo/a te contó que estuvo hablando con un extraterrestre. Completa las oraciones usando el pluscuamperfecto del subjuntivo para describir tus impresiones sobre su historia. Puedes usar las palabras de la lista.

computadora	gravedad
demostrar	ovni
espacio	revolucionario
estrella	telescopio
extraterrestre	universo

1. Dudé que _____.

2. Era improbable que _____.

3. Me alegré de que _____.

4. Me sorprendí que _____.

5. Nunca había pensado que _____.

6. Tuve miedo de que _____.

4 **Evaluación** Es casi fin de curso. Piensa en cómo ha ido el semestre escolar hasta ahora y completa las frases para hablar de tus impresiones y de algunos éxitos y fracasos. Usa el pluscuamperfecto de subjuntivo.

> **modelo**
>
> No esperaba que las clases de español...
> *No esperaba que las clases de español hubieran sido tan interesantes y que nosotros*
> *hubieramos aprendido tanto.*

1. No esperaba que las clases... _____
_____
_____

2. Era bueno que yo... _____
_____
_____

3. Esperaba que mis amigos y yo... _____
_____
_____

4. Me alegré mucho de que... _____
_____
_____

5. Fue una lástima que... _____
_____
_____

6. Quería que mis padres... _____
_____
_____

8.3 Uses of the infinitive

1 **En el trabajo** Empareja las expresiones de las dos columnas para completar lo que le dice el director de un laboratorio a su ayudante.

_____ 1. Para que la computadora se conecte necesitas

_____ 2. Para usar el corrector de texto primero debes

_____ 3. Eres una gran investigadora pero este trabajo suele

_____ 4. Debes guardar el documento antes de

_____ 5. Descargar música de Internet no es lo mismo que

_____ 6. En cuanto al cáncer, no creo que puedan

_____ 7. Debes pensar si realmente quieres

_____ 8. Trata de conseguir la patente si quieres

a. seleccionar el idioma.

b. inventar una vacuna tan pronto.

c. ser difícil para los investigadores sin experiencia.

d. apagar la computadora portátil.

e. comprar el CD.

f. pasar el resto de tu vida en un laboratorio.

g. escribir la contraseña.

h. vender tu invento.

2 **El director y la ayudante** Completa una conversación entre Leopoldo, el director del laboratorio de la actividad anterior, y un colega suyo en la que Leopoldo habla sobre su ayudante. Decide si debes usar el infinitivo o indicativo en cada caso.

ANTONIO   ¿Cómo estás, Leopoldo? Tengo muchas ganas de 1) _____ (saber) cómo va todo.

LEOPOLDO   No muy bien. No sé si podremos terminar de 2) _____ (preparar) todo a tiempo.

ANTONIO   ¿No te 3) _____ (dar) dinero suficiente?

LEOPOLDO   El problema lo 4) _____ (tener) con mi ayudante, Amelia.

ANTONIO   Dicen que 5) _____ (ser) muy profesional.

LEOPOLDO   Es muy buena en su especialidad y creo que puede llegar a 6) _____ (ser) muy importante para este proyecto, pero no 7) _____ (tener) una buena comunicación con ella.

ANTONIO   ¿Te cae mal? ¿O no tienes ganas de 8) _____ (ayudarla)?

LEOPOLDO   La 9) _____ (ayudar) en todo. Le 10) _____ (dar) consejos. Trato de 11) _____ (tener) con ella una buena relación, pero le 12) _____ (molestar) todo lo que digo.

ANTONIO   ¿Por qué no la invitas a 13) _____ (almorzar) y a 14) _____ (conversar) sobre el problema? Quizás puedan 15) _____ (encontrar) una solución.

LEOPOLDO   ¡Es una buena idea! Esta tarde la 16) _____ (llamar).

3 **Aclarando las cosas** Últimamente, Leopoldo y su ayudante Amelia discuten todo el tiempo porque, según ella, Leopoldo es muy mandón. Lee las quejas de Amelia y escribe lo que Leopoldo le contesta para aclarar la situación. Puedes usar **obligar, hacer, mandar, prohibir** y **exigir**.

> **modelo**
>
> Según Amelia, Leopoldo le dice:
> "Guarda todos los datos en la computadora."
> El director se defiende contestando:
> "Yo no te obligo a guardar todos los datos en la computadora, sino que te aconsejo que lo hagas."

Según Amelia, Leopoldo le dice:
1. "Llega temprano."
2. "Haz los experimentos con cuidado."
3. "No tengas prisa para terminar."
4. "Utiliza Internet lo menos posible en horas de trabajo."
5. "Comprueba que todo esté limpio antes de salir."
6. "Usa la computadora de la izquierda."
7. "Come antes de venir al laboratorio."

El director se defiende contestando:
1. "_____"
2. "_____"
3. "_____"
4. "_____"
5. "_____"
6. "_____"
7. "_____"

4 **Astronautas famosos...** Un famoso astronauta le está contando a un amigo el desagradable encuentro que tuvo con un reportero. Une las dos oraciones usando la expresión entre paréntesis.

1. Terminé la conferencia. Me dijeron que un reportero me esperaba en la puerta de mi hotel. (**al** + infinitivo)

   _____

2. Llegué a mi hotel. El reportero me preguntó si yo tenía un romance con una famosa cantante. (**al** + infinitivo)

   _____

3. Lo miré con odio. No consideré las consecuencias. (**sin** + infinitivo)

   _____

4. No le importó mi enojo. Dijo: "Entonces es verdad. Usted tiene un romance con ella". (**sin** + infinitivo)

   _____

5. No me dejó protestar. Dijo: "Muchas gracias por su tiempo, señor Gantes". (**al** + infinitivo)

   _____

6. Le dije: "No te atrevas a...". Él salió corriendo. (**al** + infinitivo)

   _____

7. Ahora lo sé: trata mal a un reportero. Serás noticia. (**para** + infinitivo)

   _____

Workbook

Workbook

COMPOSICIÓN

▪ Paso 1

Lee el siguiente artículo sobre la prueba espacial Pioneer 10 y, después, contesta las preguntas.

La prueba espacial Pioneer 10 es una nave lanzada desde Cabo Cañaveral en 1972. Uno de los objetivos de esta nave era conocer si hay vida inteligente en otros mundos. Una de las principales partes del Pioneer es su importantísima placa (*plaque*), que fue diseñada por Carl Sagan. Esta placa explica la situación de la Tierra y la fecha en que la nave fue construida. Pero lo más importante de la placa es la información que tiene sobre los seres humanos. La idea es que si la nave es encontrada por una civilización extraterrestre, ésta podrá saber algo más de los humanos.

Desde que comenzaron a diseñar la placa, Carl Sagan y otros se preguntaban: "¿Qué deben saber los extraterrestres sobre los seres humanos?" Después de muchos debates, los científicos decidieron que debía haber un dibujo de un hombre y una mujer, saludos de seres humanos en todos los idiomas y música de diferentes épocas y lugares. No fue fácil decidir. Carl Sagan dijo alguna vez que tal vez los seres humanos no podríamos conocer los resultados de esta misión, pero que eso no era lo importante. No sería en vano haber hecho esa placa. La tarea de decidir lo que nos representaba como seres humanos había sido muy importante en sí misma.

1. ¿Crees que hay vida extraterrestre?

   _____

2. ¿Piensas que fue una buena idea invertir en este proyecto? ¿Por qué?

   _____

3. ¿Qué hubieras puesto tú además del dibujo de un hombre y una mujer?

   _____

▪ Paso 2

Escribe una composición sobre la ciencia y la tecnología. Elige un tema que te interese y usa el infinitivo y el pluscuamperfecto del subjuntivo.

> la clonación
> las ventajas y desventajas de Internet
> la controversia de la ciencia y la tecnología

- Elige un tema. Piensa por qué te interesa el tema y realiza una lluvia de ideas (*brainstorming*).
- Organiza las ideas y prepara un borrador (*draft*).
- Termina la composición con una oración que incluya tu opinión.
- Comprueba el uso correcto del pluscuamperfecto de subjuntivo y del infinitivo.

_____

_____

_____

_____

_____

_____

PARA EMPEZAR

Lección 9

1 **El crucero** A muchas personas les gusta viajar en cruceros (*cruise ships*) porque ofrecen infinitas posibilidades de actividades. Para cada categoría, escribe por lo menos tres actividades que se pueden hacer en un crucero.

1. ejercicio físico: _____

2. actividades culturales: _____

3. juegos: _____

4. habitación: _____

5. música: _____

6. actividades sociales: _____

2 **El primer día de viaje** Completa las oraciones para decir lo que estos pasajeros hicieron durante el primer día de su viaje en un crucero. Usa el pretérito de los verbos de la lista.

| apostar | bailar | brindar | estrenar | ganar | jugar | perder | silbar |

1. Jimena Zazueta _____ en el teatro.

2. Julio Ortega _____ a las cartas.

3. Taydé y Ana _____ por su reciente graduación.

4. Desafortunadamente, Graciela Contreras _____ una carrera.

5. Macario Soberón _____ todo su dinero y _____ el doble.

3 **¿Y tú?** Ahora escribe un breve párrafo para describir tus vacaciones ideales. Usa el presente de indicativo.

_____

_____

_____

_____

_____

IMAGINA

Argentina y Uruguay

1 **¿Cuánto sabes?** Contesta las preguntas.

1. ¿Por qué es famosa la Pampa?

   _____

2. Menciona dos ciudades uruguayas. Explica por qué son conocidas.

   _____

3. ¿Dónde está Tierra del Fuego?

   _____

4. ¿Qué animales se pueden ver en la Península Valdés?

   _____

5. ¿Qué ciudades separa el Río de la Plata?

   _____

6. ¿Qué es Puerto Madero?

   _____

7. ¿Cuántos días dura el Carnaval en Montevideo?

   _____

8. ¿Qué celebra el desfile de *Llamadas*?

   _____

Documental

2 **Juan Cabandié** Después de ver el documental, selecciona la opción correcta para cada oración.

1. Los _____ de Juan Cabandié se llamaban Alicia y Damián.
   a. hermanos   b. abuelos   c. padres

2. Alicia y Damián se conocieron cuando eran muy _____.
   a. jóvenes   b. divertidos   c. viejos

3. Ellos visitaban a sus madres _____.
   a. todos los domingos b. una vez al mes   c. todos los días

4. Un _____ confirmó la identidad de los padres de Juan.
   a. policía   b. informe genético   c. juez

5. Juan fue criado por un hombre demasiado _____.
   a. alegre   b. rígido   c. divertido

6. La madre de Juan quería que él fuera _____ como su nombre.
   a. simple   b. complicado   c. serio

Galería de creadores

Lección 9

1 **Arte**

A. Completa la información sobre esta tira cómica.

Artista: _____

Profesión: _____

Origen: _____

Título de la tira: _____

B. ¿Qué crees que quiere expresar la artista en esta tira cómica? ¿Crees que representa usos del celular similares en tu cultura?

_____

_____

_____

_____

2 **Hispanos célebres** Contesta las preguntas.

1. ¿Quién es Cristina Peri Rosi?

_____

2. ¿Cuáles son algunas de sus obras?

_____

3. ¿Cómo se imagina Jorge Luis Borges el Paraíso?

_____

4. ¿Cuáles son algunas de las obras de Jorge Luis Borges?

_____

5. ¿Cuál es la profesión de Julio Bocca?

_____

6. ¿A qué edad empezó a bailar Julio Bocca?

_____

9.1 The future perfect

1 Obra de teatro Los estudiantes de teatro están preparando una obra de teatro. Completa las conversaciones con el futuro perfecto.

CARMEN La semana que viene se estrena la obra de teatro. ¡Estoy muy nerviosa!

MIGUEL Yo también, porque no sé si para ese día 1) _____ (terminar) de estudiar mi papel.

CARMEN ¿2) _____ (llegar) ya las invitaciones?

MIGUEL Espero que sí. Ya es tiempo de repartirlas.

PROFESOR Nicolás, ¿para el lunes que viene tú 3) _____ (conseguir) hablar con el dueño del teatro?

NICOLÁS Sí, creo que para el lunes ya lo 4) _____ (hacer).

PROFESOR Y ustedes, ¿5) _____ (reunirse) en sus ratos libres para practicar la obra?

CARMEN Sí, profesor, para el martes nosotros 6) _____ (actuar) para nuestros amigos.

MIGUEL Profesor, por casualidad ¿7) _____ (guardar) usted los boletos para nuestras familias?

PROFESOR Uy, se me olvidó. Yo no guardé nada, pero no se preocupen que todo está arreglado.

CARMEN Dentro de una semana nosotros ya 8) _____ (salir) a festejar el éxito de la obra de teatro.

MIGUEL No veo la hora de que llegue ese momento.

CARMEN Marcela ya avisó a todos que no podrá estrenar la obra.

MIGUEL Y el grupo, ¿qué le 9) _____ (decir)? ¿Se enojaron con ella?

CARMEN No hay problema. El presentador de la obra es Gustavo.

MIGUEL ¿10) _____ (ensayar) lo que va a decir?

2 ¿Qué habrán hecho? Antonio espera la llegada de Elena, su novia, y otra amiga que pasaron un mes de vacaciones en Punta del Este. Completa lo que Antonio y Elena imaginan que habrá hecho la otra persona usando el futuro perfecto.

Antonio piensa...

Estoy seguro de que ellas se lo 1) _____ (pasar) muy bien. Creo que 2) _____ (quedarse) en el club deportivo que les recomendaron. Allí, había un casino y seguro que ellas 3) _____ (entretenerse) apostando en las mesas de juego. ¡Qué envidia! Y yo aquí trabajando las veinticuatro horas del día. ¿4) _____ (ver) Elena a su familia? No sé si ella 5) _____ (tener) tiempo de visitarla. Seguro que al final 6) _____ (decidir) quedarse en la costa. 7) _____ (ir) de copas todas las noches. Espero que no venga muy cansada porque no quiero que esté cansada para la fiesta sorpresa que le he preparado.

Elena piensa...

¿8) _____ (venir) Antonio a esperarme? No sé si él 9) _____ (llamar) a mis padres. ¿Qué 10) _____ (hacer) el durante este mes? Seguro que 11) _____ (reunirse) con sus amigos todos los días y que 12) _____ (gastarse) todo el dinero en discos compactos. Es que no lo puedo dejar solo. De todas formas, las vacaciones han sido tan buenas que habrá valido la pena.

3 **Fiesta** Antonio sigue esperando a Elena y ha empezado a ponerse nervioso. Imagina que eres su amigo/a y que lo quieres tranquilizar. Contesta sus preguntas usando el futuro perfecto.

1. ¿Habrán recibido sus amigas el mensaje sobre la fiesta sorpresa para Elena?

_____

2. ¿Dónde habrá puesto Jorge el disco de Outkast?

_____

3. ¿Dónde habré dejado los vasos de plástico?

_____

4. ¿Se habrá dado cuenta de la sorpresa?

_____

5. ¿Habrán llegado ellas a tiempo al avión?

_____

6. ¿Habrá invitado René al aguafiestas de Pepe?

_____

7. ¿Habré hecho bien en organizar la fiesta el mismo día que llega?

_____

8. ¿Habrá dormido en el avión?

_____

4 **2046** Imagina que estás en el año 2046. ¿Qué habrá sido de tu vida? ¿Qué habrás hecho? Escribe lo que habrás hecho para entonces usando el futuro perfecto de los verbos de la lista.

aprender	poder
celebrar	ser
conocer	tener
estar	ver
ganar	vivir

Para el año 2046, _____

_____

_____

_____

_____

_____

_____

_____

_____

_____

9.2 The conditional perfect

1 **Yo habría...** Vuelve a escribir las oraciones usando el condicional perfecto.

1. Yo <u>querría</u> salir a comer.
   Yo habría querido salir a comer.

2. Nosotros <u>tomaríamos</u> una copa después del trabajo.
   _____

3. Joaquín <u>preferiría</u> ir a un parque de atracciones.
   _____

4. Ustedes <u>se entretendrían</u> viendo una obra de teatro.
   _____

5. Tú <u>jugarías</u> a las cartas.
   _____

6. A ustedes <u>les gustaría</u> quedarse en casa.
   _____

7. Yo <u>me reuniría con mis amigos</u>.
   _____

8. Joel y Sebastián <u>se divertirían</u> practicando algún deporte.
   _____

2 **¡A emparejar!** Completa las oraciones de la segunda columna con la forma apropiada del condicional perfecto y luego empareja las oraciones de las dos columnas de forma lógica.

_____ 1. Carmen se enojó porque su equipo perdió el partido.

_____ 2. Miguel no pudo escuchar a los críticos decir que él era el mejor músico del concierto.

_____ 3. En la fiesta, la anfitriona puso una música muy aburrida.

_____ 4. El videojuego era muy violento.

_____ 5. El atleta no estuvo satisfecho con el resultado de la competición.

_____ 6. Por fin se estrenó la película.

_____ 7. En la puerta del teatro, un cartel anunciaba que los boletos estaban agotados.

a. El director se preguntaba si le _____ (gustar) al público.

b. Yo los _____ (comprar) antes si hubiera sabido que iba a ir tanta gente.

c. En su lugar yo también me _____ (enojar).

d. Yo _____ (poner) música de baile.

e. Miguel _____ (saltar) de alegría si los hubiera escuchado.

f. Era el único que _____ (decir) que los jueces eran injustos.

g. De saberlo, Bárbara no lo _____ (comprar) para su sobrino.

3 **Ponerse en el lugar** Contesta las preguntas haciendo especulaciones sobre cada una de estas situaciones. Usa el futuro perfecto o el condicional perfecto en tus respuestas.

1. ¿Qué le habrá pasado a este escritor?

_____

_____

2. ¿Cómo te habrías sentido tú en esa situación?

_____

_____

3. ¿Qué habrá sentido el pintor?

_____

4. ¿Qué habría pensado el otro hombre?

_____

5. ¿Qué le habrá dolido a la bailarina?

_____

_____

6. ¿Qué habrán hecho sus compañeras?

_____

_____

7. ¿Qué habrían hecho las bailarinas con su compañera lastimada?

_____

_____

4 **Una situación** Elige una de las situaciones de la actividad 3 e imagina que tú eres uno de esos personajes. ¿Qué habrías hecho en su lugar? Contesta escribiendo un breve párrafo.

_____

_____

_____

_____

_____

_____

_____

_____

_____

_____

_____

_____

_____

_____

_____

9.3 *Si* clauses

1 **¿Qué harías?** Todos pensamos a veces en improbabilidades. Contesta las preguntas explicando lo que harías tú en estas situaciones hipotéticas. Sigue el modelo.

> **modelo**
> Si fueras alpinista, ¿qué montaña escalarías?
> *Si fuera alpinista, escalaría el Cerro Aconcagua porque es legendario.*

1. ¿Qué harías si no existieran los fines de semana?
   _____

2. Si pudieras elegir, ¿serías un(a) músico o un(a) atleta?
   _____

3. Si existicra un superhéroe que ayudara al mundo, ¿a qué superhéroe famoso elegirías?
   _____

4. ¿Qué harías si te enteraras que tus amigos piensan que eres un(a) aguafiestas?
   _____

5. Si pudieras pasar un día completo con un personaje famoso, ¿con quién te gustaría pasarlo?
   _____

6. Si pudieras hacer una nueva ley para proteger a un animal, ¿a qué animal protegerías?
   _____

7. ¿A qué lugar irías de vacaciones si pudieras elegirlo tú?
   _____

8. ¿Qué grupo musical prohibirías si pudieras?
   _____

2 **Soñando despierta...** Dos amigas conversan sobre la vida de Ana Colmenar, una actriz famosa. Una de ellas considera que su vida habría podido ser muy diferente. La otra no está de acuerdo. Completa la conversación con el pluscuamperfecto del subjuntivo y el condicional perfecto, según el contexto.

MATILDE Si Ana no 1) _____ (casarse) tan joven, 2) _____ (comenzar) a actuar mucho antes.

ANDREA Te equivocas. Ella 3) _____ (comenzar) a actuar antes si sus padres 4) _____ (descubrir) que podía ser buena actriz de teatro.

MATILDE Pues, si sus profesores lo 5) _____ (querer), ella 6) _____ (ser) una estrella a los quince años.

ANDREA Lo dudo. Ana nunca 7) _____ (tener) éxito si ellos le 8) _____ (permitir) empezar tan joven. Actuar en el teatro requiere mucha experiencia y madurez.

MATILDE Si tú 9) _____ (estar) en su lugar, tú nunca 10) _____ (conseguir) tanto éxito.

ANDREA ¡Pues claro! Si yo 11) _____ (estudiar) teatro, yo 12) _____ (morirse) de hambre. ¡Soy una actriz pésima!

MATILDE Ah, la vida es tan injusta a veces. Si yo 13) _____ (poder) ir a aquella audición donde la descubrieron, yo 14) _____ (vivir) como una reina el resto de mi vida...

3 **Preocupaciones** Escribe las preguntas que Matilde le hace a su compañera de cuarto quien se fue de campamento al bosque largo tiempo sin avisar. Sigue el modelo.

> **modelo**
> Qué / hacer / perderse / bosque
> *¿Qué habrías hecho si te hubieras perdido en el bosque?*

1. Adónde / ir / casa / estar / mal estado

_____

2. Qué / hacer / quedarse / sin electricidad

_____

3. Dónde / pintar / casa / ser / demasiado pequeña

_____

4. Adónde / ir / haber / tormentas fuertes

_____

5. A quién / le / pedir / ayuda / lastimarse

_____

6. Qué / hacer / te / atacar / animal salvaje

_____

7. Qué / decir / yo / te / acompañar

_____

4 **Las respuestas** Revisa la actividad **3 Preocupaciones** y completa las respuestas que le dio su compañera de cuarto a Matilde.

1. Si me hubiera perdido en el bosque, _____.
2. Si la casa hubiera estado en mal estado, _____.
3. Si me hubiera quedado sin electricidad, _____.
4. Si la casa hubiera sido demasiado pequeña, _____.
5. Si hubiera habido tormentas fuertes, _____.
6. Si me hubiera lastimado, _____.
7. Si me hubiera atacado un animal salvaje, _____.
8. Si me hubieras acompañado, _____.

5 **Imagina** Imagina qué harías si fueras una de estas personas.

1. ser profesor(a) universitario del hijo de una megaestrella de rock

_____

2. ser el cantante de Los Fabulosos Cadillacs

_____

3. ser un(a) concursante de un programa de telerealidad (*reality show*)

_____

4. ser un(a) inventor(a)

_____

5. ser un(a) político/a importante

_____

Workbook

COMPOSICIÓN

▪ Paso 1

Contesta las preguntas.

1. ¿Cuáles son tus lugares preferidos para ir de vacaciones? ¿Por qué? ¿Qué actividades se pueden hacer?

_____

_____

2. ¿Cuál es tu pasatiempo favorito? ¿Por qué?

_____

_____

3. ¿Qué pasatiempo o diversión prohibirías? ¿Por qué?

_____

_____

▪ Paso 2

Escribe una composición sobre cómo es tu fin de semana perfecto. Imagina que todo es posible: ni el dinero ni la realidad son un problema. Usa oraciones condicionales con **si**.

- Sigue como guía estas preguntas para pensar en ideas: ¿Dónde pasarías el fin de semana? ¿Estarías solo/a? ¿Viajarías a algún sitio exótico? ¿Qué actividades harías? ¿Qué y dónde comerías? ¿Por qué?
- Luego, organiza las ideas en forma lógica y prepara un borrador (*draft*).
- Escribe una conclusión.
- Comprueba el uso correcto de los verbos.

_____

_____

_____

_____

_____

_____

_____

_____

_____

_____

_____

_____

Workbook

PARA EMPEZAR

Lección 10

1 **La intrusa** Selecciona la palabra o expresión que no pertenece al grupo.

1. hacer un esfuerzo   superarse   rechazar
2. inestabilidad   entendimiento   incertidumbre
3. daño   maltrato   meta
4. pertenecer   predecir   anticipar
5. luchar   atraer   protestar
6. asimilarse   adaptarse   disminuir

2 **¿Qué significa?** Define cada palabra y escribe una idea que tú relacionas con dicha palabra.

> **modelo**
>
> diálogo: *Es una conversación entre dos o más personas.*
> *Cuando la gente decide hablar de los problemas en vez de pelear.*

1. emigrante: _____

_____

2. añoranza: _____

_____

3. sobrepoblación: _____

_____

4. coraje: _____

_____

3 **Una nueva cultura** Francisco está viviendo en otro país y está hablando con su amiga Luisa de su período de adaptación a la nueva cultura. Completa la conversación con las palabras de la lista y haz los cambios necesarios.

despedirse	hacer un esfuerzo	meta
establecerse	lograr	predecir
extrañar	maltrato	solo

FRANCISCO Hace tiempo que no veo a mis padres y últimamente pienso mucho en ellos. Los
1) _____ mucho. Voy a intentar visitarlos el mes que viene, si
2) _____ que mi jefe me dé vacaciones.

LUISA Sí, entiendo perfectamente cómo te sientes. Verás que pronto vas a estar mejor aquí.
Hace poco que has llegado. Cuando 3) _____, todo será más fácil.

FRANCISCO Sí, lo sé. Pero necesito ver a mi familia… Cada vez que 4) _____ de
ellos lo paso muy mal. Además, aquí todavía no tengo muchos amigos.

LUISA Necesitas tener un poco de paciencia. Pronto vas a conocer a mucha gente y ya no te
sentirás 5) _____.

FRANCISCO Todo el mundo me lo dice. Mis padres son los primeros que entienden que tengo que
6) _____ para poder alcanzar mi 7) _____.

LUISA Puedo 8) _____ que lo vas a conseguir.

IMAGINA

Lección 10

España

1 **¿Cuánto sabes?** Contesta las preguntas.

1. ¿Qué característica convirtió a España en un territorio atractivo para otras civilizaciones?
   _____

2. ¿En qué mares u océanos tiene costas la península ibérica?
   _____

3. Menciona tres grupos que llegaron a España en un momento u otro de la historia.
   _____

4. Aproximadamente, ¿cuántos turistas visitan España cada año?
   _____

5. ¿Qué tipo de país encontró Hemingway en España?
   _____

6. En España, ¿cómo se le llama a la computadora?
   _____

7. ¿De qué origen son las palabras: aceite, ajedrez, alcalde, limón y naranja?
   _____

8. ¿De qué año a qué año vivió Antoni Gaudí?
   _____

9. ¿En qué ciudad están las cuevas de Sacromonte?
   _____

10. ¿Cuántas obras aproximadamente hay en el Museo del Prado?
   _____

Documental

2 **¿Cierto o falso?** Después de ver el documental, indica si las oraciones son **ciertas** o **falsas**.

	Cierto	Falso
A. Polonia		
1. Montse lleva tres años viviendo en Varsovia.	○	○
2. Es profesora de español.	○	○
3. Ella manda saludos a su familia y amigos.	○	○
4. Montse dice que en Varsovia no hay ningún parque.	○	○
B. Portugal		
5. Para Elena, fue fácil encontrar trabajo en Lisboa.	○	○
6. Todo es mucho más caro en Lisboa que en Madrid.	○	○
7. Elena pide un café cuando entra al bar.	○	○
8. El hombre del café vivía en Madrid porque quería ser futbolista.	○	○

Workbook

Galería de creadores   # Lección 10

1   **Un poco de arquitectura** Completa la información sobre esta obra arquitectónica.

Arquitecto: _____   Origen: _____

Nombre de las obras: _____   Ubicación de las obras: _____

_____

2   **Preguntas** Contesta las preguntas.

1. ¿Dónde nació Isabel Coixet?

    _____

2. ¿En qué idioma le gusta escribir sus guiones?

    _____

3. ¿Cómo se titula la película que estrenó en 2002?

    _____

4. ¿Cuál es la profesión de Ferrán Adrià?

    _____

5. ¿Cómo se llama su restaurante?

    _____

6. ¿De cuántos platos consta el menú de El Bulli?

    _____

7. ¿Quién es Ana María Matute?

    _____

8. ¿Con qué colección ganó Ana María Matute el Premio Cervantes?

    _____

Workbook

ESTRUCTURAS

Lección 10

10.1 The passive voice

1

Noticias políticas Empareja las frases de las dos columnas para formar titulares de noticias relacionadas con la política.

_____ 1. El diálogo entre los dos presidentes

_____ 2. Fue aprobada

_____ 3. Ayer fue realizada

_____ 4. El líder político Alfredo Gutiérrez

_____ 5. Las metas económicas del gobierno

_____ 6. La causa del crecimiento de la emigración

a. será entrevistado en el noticiero de Telemundo.

b. fue previsto para el próximo jueves.

c. la ley que establece que el español y el inglés serán los idiomas oficiales del país.

d. una marcha en contra de la immigración ilegal.

e. será analizada en la conferencia del martes.

f. serán alcanzadas a finales de año.

g. fueron aumentados en sesión extraordinaria

2

Los candidatos Lee la información sobre estos candidatos y completa las oraciones en voz pasiva con el participio de los verbos entre paréntesis.

Emilio Sánchez fue senador del Partido de la Justicia. Comenzó su vida política a los 21 años, cuando fue 1) _____ (elegir) presidente del centro de estudiantes latinos de su universidad. Ha sido miembro de la Asociación de Lucha Popular por 23 años. Esta organización se vio involucrada en diversos actos de discriminación que fueron 2) _____ (realizar) por sus miembros más importantes; por eso, decidió alejarse y formar parte de un nuevo partido político: Alianza para la Liberación. Es 3) _____ (querer) por todos por su coraje. Él cree que la justicia y la libertad deben ser 4) _____ (defender) siempre.

María Bustamante tiene 35 años y por eso muchos creen que no puede ser candidata a representante de la Asociación Frente Izquierda. Reconoce que la juventud es 5) _____ (considerar) signo de debilidad (*weakness*) por algunos. Además, María sabe que es mujer, y hay gente que piensa que las mujeres son 6) _____ (dominar) más fácilmente. Pero ella dice que no es cierto. Aunque es joven, María ha luchado por los derechos de las minorías y fue 7) _____ (premiar) por muchas organizaciones internacionales. Muchos integrantes (*members*) de la Asociación Frente Izquierda creen que María puede ser una excelente candidata.

Marcelo Rivera es médico. A los 25 años fue 8) _____ (arrestar) por participar en un grupo de defensa de los derechos de estudiantes latinos universitarios. Según Rivera, la democracia nunca ha sido 9) _____ (respetar) en este país. Cuando fue 10) _____ (poner) en libertad, Marcelo fue líder de un grupo latino para la defensa y preservación de la herencia cultural. Luego se dedicó a la política, pero no fue 11) _____ (aceptar) por ningún partido, porque había estado preso (*in jail*). Algunos integrantes del Partido Verde creen que puede ser un problema en el futuro.

3   **Más sobre los candidatos**   Elige cinco oraciones de las descripciones de la actividad **2 Los candidatos** que estén en voz pasiva y escríbelas en voz activa. Sigue el modelo.

> **modelo**
>
> Muchos actos de discriminación fueron realizados por sus miembros más importantes.
> *Sus miembros más importantes realizaron muchos actos de discriminación.*

1. _____

2. _____

3. _____

4. _____

5. _____

4   **Metas**   Los miembros del Partido Verde han establecido unas metas que quieren alcanzar. Transforma estas oraciones que describen sus metas de voz activa a voz pasiva. Sigue el modelo.

> **modelo**
>
> Todos los miembros de la asociación elegirán al representante.
> *El representante será elegido por todos los miembros.*

- Prepararemos más publicidad para atraer a más miembros.
- Todos los miembros recibirán los resúmenes de las reuniones semanales.
- Todos utilizarán los idiomas inglés y español.
- No discriminaremos a nadie por su origen o nacionalidad.
- La Asociación va a respetar todas las opiniones.
- Nosotros organizaremos conferencias en todas las universidades.

1. _____

2. _____

3. _____

4. _____

5. _____

6. _____

5   **Datos biográficos**   Piensa en un(a) político/a o líder destacado/a de tu comunidad o tu país y escribe datos relacionados con el pasado, el presente y el futuro de esta persona. Usa la voz pasiva.

Creo que un político líder de mi país es   Se dice que es una persona...

_____

_____

_____

_____

10.2 Negative and indefinite expressions

1 **La verdad** Transforma estos comentarios positivos a negativos para saber lo que esta persona piensa realmente.

1. Siempre pido pasta en los restaurantes. Me encanta.

   _____

2. Sí, claro. Conozco Rhode Island muy bien. Y también conozco Nueva York.

   _____

3. Los fines de semana, normalmente, o salgo con mis amigos o voy al cine.

   _____

4. Claro, a mí también me encanta el frío de Nueva Inglaterra.

   _____

5. Cuando voy de visita, siempre me gusta quedarme hasta muy tarde.

   _____

6. Le pueden dar mi número de teléfono a todo el mundo.

   _____

2 **Indeciso** Empareja las oraciones de las dos columnas para formar los comentarios que dice Julián, un estudiante universitario de Guatemala muy indeciso. Usa **o... o...** y haz los cambios necesarios. Sigue el modelo.

modelo
1. f. O me voy a vivir a California o me voy a vivir a España.

Columna 1	Columna 2
1. Me voy a vivir a California.	a. No me gusta viajar ni vivir fuera de mi país.
2. El lunes voy a preguntar qué necesito para tener una visa.	b. Si vivo en España, viviré en Barcelona.
3. Voy a vivir con un compañero de apartamento.	c. El viernes voy a preguntar lo que necesito para tener una visa.
4. Una vez en España, pienso quedarme para siempre.	d. Creo que voy a vivir solo.
5. Me encanta viajar y vivir en otros países.	e. Si voy a España, pienso volver a mi país en unos años.
6. Mis primos me van a recibir en el aeropuerto.	f. Me voy a vivir a España.
7. Si vivo en España, viviré en Madrid.	g. Mis amigos me van a recibir en el aeropuerto.

2. ____: _____

3. ____: _____

4. ____: _____

5. ____: _____

6. ____: _____

7. ____: _____

3 **Compañeros de avión** Julián por fin ha decidido irse a España. En el avión, conversa con su compañero de asiento, Marcos, a quien nada le viene bien. Escribe las quejas y las órdenes de Marcos, haciendo todos los cambios necesarios. Utiliza las expresiones **o ... o ...**, **ni ... ni ...** y **ni siquiera**. Sigue el modelo.

> **modelo**
> Denme un asiento de ventanilla. Si no me lo dan, me voy a quejar con el piloto.
> *O me dan un asiento de ventanilla o me voy a quejar con el piloto.*

1. No me trajeron café. No me trajeron té. No me trajeron agua.

   _____

2. No pude traer todas las maletas. No pude vestirme bien.

   _____

3. Sean puntuales. Avisen si llegan tarde.

   _____

4. Hoy me siento enfermo. No puedo dormir. No puedo hablar. No puedo moverme.

   _____

5. No quiero escuchar música. No quiero ver tantas luces.

   _____

6. Este viajero es muy molesto. Tiene hambre. Tiene sueño.

   _____

4 **Preguntas** Contesta estas preguntas personales con las expresiones de la lista.

alguien/algún	ni ... ni ...	nunca	siempre
nadie	ni siquiera	o ... o ...	también

1. ¿Qué te interesa más: un destino exótico o un viaje cultural?

   _____

2. ¿Compras *souvenirs* cuando visitas lugares turísticos?

   _____

3. ¿Visitarás España y Guatemala el próximo semestre?

   _____

4. ¿Te gustan las grandes ciudades o prefieres la vida en el campo?

   _____

5. ¿Qué ciudad te parece más atrapante: Nueva York o Los Ángeles?

   _____

6. ¿Hablas francés, alemán y ruso?

   _____

7. ¿Te interesa conocer a personas de otras culturas o prefieres relacionarte sólo con personas de tu propia cultura?

   _____

8. ¿Son la inmigración y la diversidad cultural un problema en tu comunidad?

   _____

10.3 Summary of the indicative and the subjunctive

1   **La nueva profesora de historia** Éstas son algunas de las recomendaciones y advertencias que la nueva profesora de historia les hizo a sus estudiantes. Indica la forma verbal adecuada para cada oración.

1. Creo que la historia (es   sea   ser) un conocimiento importantísimo para comprender los cambios políticos actuales.
2. No les exigiré (aman   amen   amar) la historia como la amo yo.
3. Sin embargo, quiero que (sienten   sientan   sentir) respeto por ella.
4. Es cierto que yo (doy   dé   dar) muchas tareas.
5. Pero no es cierto que yo (soy   sea   ser) injusta.
6. Sin embargo, esperaré siempre que (hacen   hagan   hacer) las tareas.
7. Les recomiendo que (estudian   estudien   estudiar) bien el fenómeno de la emigración del siglo XX.
8. Les aconsejo también que en los informes escritos (tienen   tengan   tener) mucho cuidado con la ortografía.

2   **Fragmentos de clase** Lee estos fragmentos de una clase de historia sobre las culturas americanas antiguas y selecciona el tiempo verbal apropiado para cada uno.

1. Desde hace siglos, todos los pueblos (intentarían   han intentado   intentarán) explicar los orígenes de los humanos.
2. "¿Por qué (estamos   estábamos   estuvimos) sobre la Tierra?" Ésa (es   será   sería) la gran pregunta.
3. Para contestarla, muchos pueblos (inventaron   habrían inventado   habrán inventado) historias.
4. Esas historias (eran   serán   son) los mitos de hoy.
5. En la próxima hora, (leen   leyeron   leerán) algunos mitos de distintos pueblos.
6. La ciencia también (trataría   tratará   trata) de responder a la misma pregunta, pero no lo (hace   haría   habrá hecho) con historias.
7. A través de los años, los científicos (han buscado   buscan   buscarán) y todavía hoy (siguieron   siguen   seguirán) buscando pruebas (*proof*) para contestar esa pregunta.
8. Los restos (*remains*) de esqueletos, los objetos antiguos, las obras de arte y los restos de viviendas antiguas les (servirían   servirán   han servido) a los arqueólogos para formular hipótesis sobre cómo (vivían   vivirán   viven) los humanos antiguos.

3   **Un dato interesante** Haz cinco preguntas sobre este texto usando los tiempos verbales indicados.

Cuando los españoles llegaron a América, destruyeron los textos sagrados de los mayas. Sin embargo, los mayas, que sabían conservar la memoria de su pueblo, memorizaron durante mucho tiempo la historia, puesto que se la contaban de unos a otros. De esta manera, los mayas lograron consevar su legado transmitiendo oralmente su historia a través de las generaciones.

1. (condicional perfecto) ¿*¿Qué **habría pasado** si los españoles no hubieran destrozado los textos sagrados?* ?
2. (futuro perfecto) ¿_____ ?
3. (pretérito perfecto) ¿_____ ?
4. (pretérito) ¿_____ ?
5. (pluscuamperfecto) ¿_____ ?

4 **Dudas** Completa esta conversación entre un profesor y sus estudiantes antes de un examen escrito. Utiliza la forma adecuada del subjuntivo.

ANDREA ¿Qué opina sobre la fuerte emigración hispana que se dirige a España en los últimos años?

PROFESOR Pienso que antes de que la democracia 1) _____ (llegar) a España, los emigrantes preferían ir a otros países, como Estados Unidos, pero una vez que la economía española empezó a mejorar, muchos hispanos empezaron a ir para allá. Es posible que 2) _____ (haber) otras razones, pero esa es una de las más importantes.

MARIO Yo dudo que ésa 3) _____ (ser) la única razón. Yo no habría ido a España si 4) _____ (tener) que emigrar. Está muy lejos de mi país.

PEDRO Es verdad. Además, muchos emigrantes no quieren que sus hijos 5) _____ (crecer) en una cultura tan diferente. En España sus hijos no olvidarán su lengua materna.

ANDREA ¿Cree que en España se adaptarán mejor? Es posible que los emigrantes allí también 6) _____ (tener) problemas para establecerse e integrarse.

PEDRO Es posible, pero si yo 7) _____ (tener) que emigrar, me gustaría ir a un país con una cultura similar a la mía.

PROFESOR Bueno chicos. A ver si dejamos la charla y nos preparamos para tomar el examen.

5 **Fin de año en la universidad** Elige la opción apropiada para completar lo que piensan estos estudiantes sobre su profesora de historia de este año.

1. En esta escuela, no hay ninguna otra profesora que...
   a. hubiera enseñado historia de manera tan clara.
   b. había enseñado historia de manera tan clara.
   c. enseñe historia de manera tan clara.

2. Queremos que el año próximo...
   a. usted es nuestra profesora de historia.
   b. usted sea nuestra profesora de historia.
   c. usted fuera nuestra profesora de historia.

3. Le habría dedicado más tiempo a la historia...
   a. si hubiera sabido que es tan interesante.
   b. si habría sabido que es tan interesante.
   c. si había sabido que es tan interesante.

4. Le agradezco que...
   a. me haya enseñado a pensar.
   b. me enseñara a pensar.
   c. me ha enseñado a pensar.

Workbook

COMPOSICIÓN

▪ Paso 1

Contesta las preguntas.

1. ¿Conoces a gente que haya emigrado a otros países o que haya venido a vivir aquí en los
   últimos años?

   _____

   _____

2. ¿Piensas que en el futuro la emigración disminuirá o, por el contrario, aumentará? ¿Por qué?

   _____

   _____

3. Imagina que tienes que irte a vivir a otro país, ¿a qué país te irías? ¿Por qué?

   _____

   _____

▪ Paso 2

Ahora, elige uno de estos temas y escribe una composición en una hoja aparte. Usa estas expresiones
para expresar tu opinión.

> el futuro de la población del planeta
> la emigración
> la diversidad cultural de tu país

(no) consideramos que	(no) es cierto que	(no) es seguro que	(no) es urgente que
(no) creemos que	(no) es evidente que	(no) es sorprendente que	(no) estamos
(no) es bueno que	(no) es necesario que	(no) es una lástima que	seguros/as de que
			(no) negamos que

- Primero, elige un tema y anota palabras, frases e ideas relacionadas.
- Luego, organiza las ideas del paso anterior y prepara un borrador (*draft*).
- Termina la composición con una oración que incluya tu opinión.
- Comprueba el uso correcto del indicativo y del subjuntivo.

_____

_____

_____

_____

_____

_____

_____

_____

PARA EMPEZAR

Lección 1

1 Identificar Marta te va a dar una breve descripción de Caro, su compañera de apartamento. Marca los adjetivos que escuches en su descripción.

_____ cariñosa	_____ madura
_____ falsa	_____ mentirosa
_____ graciosa	_____ orgullosa
_____ harta	_____ preocupada
_____ insensible	_____ tacaña
_____ inolvidable	_____ tempestuosa

2 No entiendo Imagina que un amigo tuyo no entiende lo que Marta cuenta de Caro, su compañera de cuarto. Vuelve a escuchar lo que dice y contesta las preguntas con oraciones completas.

1. ¿Se llevan bien Marta y Caro?

   _____

2. ¿Por qué dice Marta que Caro es mentirosa?

   _____

3. ¿Cómo está Marta?

   _____

4. ¿Crees que el problema que tienen es pasajero? ¿Por qué?

   _____

3 Una carta muy especial Rosa, una psicóloga, tiene un programa de radio en el que da consejos sobre problemas sentimentales. Escucha mientras Rosa lee una carta. Después, completa las oraciones con la opción correcta.

1. La persona que escribe la carta es _____.
   a. un chico joven   b. un señor mayor   c. un hombre casado

2. Antonio está _____.
   a. ansioso   b. cansado   c. enojado

3. Los amigos de Antonio _____.
   a. no tienen experiencia   b. son geniales   c. siempre tienen
      en temas sentimentales   celos de él

4. Antonio piensa que _____.
   a. su novia está agobiada b. su novia coquetea   c. su novia odia a
      por Juan Carlos   con Juan Carlos   Juan Carlos

5. Antonio no quiere hablar con Juan Carlos sobre este problema porque _____.
   a. Juan Carlos es sensible b. Antonio es tímido   c. Antonio es orgulloso

6. Antonio _____.
   a. no quiere discutir con b. quiere discutir   c. quiere discutir con
      su novia   con Juan Carlos   sus amigos

Lab Manual

ESTRUCTURAS

1.1 The present tense

1 **La compañera de apartamento ideal** ¿Recuerdas a Marta y Caro, las compañeras de apartamento con personalidades opuestas? Caro ya no vive allí y Marta está buscando una nueva compañera de apartamento. Dos personas han dejado mensajes en el contestador automático de Marta. Escucha los mensajes y relaciona cada cualidad con la persona adecuada, para ayudar a Marta a decidir quién es la mejor compañera.

CANDIDATAS	es tranquila	come en el campus	estudia mucho	es activa
Andrea				
Yolanda				

2 **Identificar** Contesta las preguntas según la información de los mensajes telefónicos que dejaron Andrea y Yolanda para Marta. Escucha otra vez los mensajes para recordar mejor los detalles.

1. ¿Qué deporte practica Andrea? _____
2. ¿Qué cree Andrea que deben hacer? _____
3. ¿Dónde almuerza normalmente Andrea? _____
4. ¿Qué tipo de compañera de apartamento necesita la segunda candidata? _____
   _____
5. ¿Con quién crees que Marta prefiere compartir el apartamento? _____
   _____

3 **Para conocernos mejor** Marta y Yolanda han decidido salir juntas el viernes por la tarde para conocerse mejor y determinar si deben ser compañeras de apartamento. Ahora están decidiendo qué hacer esa tarde. Escucha su conversación y después responde a las preguntas.

1. ¿Qué están leyendo Marta y Yolanda? Están leyendo _____.
   a. una revista de chismes b. el periódico c. un folleto de la ciudad
2. ¿Para qué lee Marta el periódico de la universidad? Marta lee el periódico _____.
   a. para ver qué pueden hacer el viernes b. para leer las noticias policiales c. para relajarse
3. ¿Qué quiere hacer Yolanda el viernes por la noche? Quiere _____.
   a. salir con amigos b. ir a la discoteca c. ir al teatro
4. ¿Puede Yolanda gastar mucho dinero para los boletos? Yolanda _____.
   a. no tiene mucho dinero b. puede pagar boletos caros c. no puede pagar boletos caros
5. ¿Quién puede conseguir los boletos para el teatro? _____.
   a. Su padre puede conseguirlos. b. Su amigo Raúl puede conseguirlos. c. Su madre puede conseguirlos.
6. ¿Adónde van a cenar? Van a cenar _____.
   a. a la casa de Marta b. a un restaurante elegante c. al restaurante de Raúl
7. ¿Qué va a hacer Yolanda la próxima vez que salga con Marta? Yolanda _____.
   a. va a organizar otra salida b. va a dejar a Marta hacer los planes c. va a mirar televisión
8. ¿Cómo se llevan Marta y Yolanda? _____
   a. Se llevan mal. b. No se caen bien. c. Se llevan (muy) bien.

1.2 *Ser* and *estar*

1 **Un noviazgo singular** Pedro y su novia Leticia se quieren mucho, pero existen muchas diferencias de personalidad entre ellos. Mira el dibujo y elige **cierto** o **falso** para cada oración que escuches. Si es falsa, corrígela escribiendo una oración con **ser** o **estar**.

	Cierto	Falso	
1.	○	○	_____
2.	○	○	_____
3.	○	○	_____
4.	○	○	_____
5.	○	○	_____
6.	○	○	_____

2 **Aprendiendo español** Andrés, un amigo de Yolanda, está estudiando español este semestre. El problema es que Andrés no sabe cuándo debe usar **ser** y cuándo debe usar **estar**. Escucha a Andrés mientras lee las frases que ha escrito para su composición y completa cada una con el verbo correcto después de escucharla.

1. _____   5. _____
2. _____   6. _____
3. _____   7. _____
4. _____   8. _____

3 **Andrés** Escucha las oraciones y decide si las siguientes frases se completan con **ser** o **estar**. Elige el infinitivo apropiado y completa cada frase con la forma correcta del verbo elegido.

	Ser	Estar	
1.	☑	○	Es _____ tímido.
2.	○	○	_____ en los EE.UU.
3.	○	○	_____ experimentado dolores de cabeza muy extraños.
4.	○	○	_____ las nueve de la mañana.
5.	○	○	_____ en la clase.
6.	○	○	_____ enojados.
7.	○	○	_____ inteligente.
8.	○	○	_____ más lejos ahora.

Lab Manual

1.3 *Gustar* and similar verbs

1 **¡Qué aburrido!** Escucha esta breve conversación entre Roberto y Rosa y contesta las preguntas.

1. ¿Qué le aburre a Roberto? Le aburren _____.
   a. las fiestas de cumpleaños   b. los conciertos   c. salir con amigos

2. Según Rosa, ¿de qué se tiene que preocupar Roberto? Sólo se tiene que preocupar de _____.
   a. comprar un pasaje de autobús   b. comprar el boleto   c. llevarle un regalo a Alicia

3. ¿Cómo le cae Alicia a Roberto? Le cae _____.
   a. mal   b. fatal   c. bien

4. ¿Le gustan los conciertos a Roberto? A Roberto _____.
   a. no le gustan los conciertos   b. le encantan los conciertos   c. le gustan sólo los conciertos de rock

5. ¿Por qué no le gustan los conciertos a Roberto? Le molestan _____.
   a. porque los boletos son caros   b. los sitios donde hay mucha gente   c. los sitios donde hay poca gente

2 **Rosa lo cuenta todo** Rosa está en la fiesta de cumpleaños y una amiga le está haciendo preguntas sobre Roberto. Escucha las preguntas de la amiga, imagina que tú eres Rosa y contéstalas. Puedes inventar tus respuestas.

> **modelo**
> Tú escuchas: ¿Por qué no está Roberto en la fiesta?
> Tú respondes: Porque le disgustan las fiestas.

1. (no gustar) _____

2. (interesar) _____

3. (molestar) _____

4. (gustar) _____

5. (caer bien) _____

3 **Te toca a ti** Ya es hora de hablar un poco sobre ti, ¿no crees? Escucha las preguntas y contesta cada una según tu opinión o tus preferencias personales. Escribe tus respuestas y, después, escucha otra vez las preguntas y contéstalas oralmente para practicar un poco la pronunciación.

1. (actividades) _____

2. (actor/cantante) _____

3. (mejor amigo/a) _____

4. (futuro) _____

5. (clase) _____

6. (vida) _____

7. (aprender) _____

8. (estudios) _____

LITERATURA

1 **Escuchar** Escucha el fragmento y marca si lo que afirman las oraciones es **cierto** o **falso**.

	Cierto	Falso
1. Es de noche.	○	○
2. Hace viento.	○	○
3. El enamorado está escribiendo un poema.	○	○
4. No se conocen.	○	○
5. Su amor no era correspondido.	○	○

2 **Escuchar** Escucha el fragmento y marca si lo que afirman las oraciones es **cierto** o **falso**.

	Cierto	Falso
1. El poeta está alegre.	○	○
2. El poeta se siente triste porque ya no están juntos.	○	○
3. El poeta piensa que va a conseguir verla de nuevo.	○	○
4. La alegría de las personas a su alrededor (*around him*) le va a ayudar.	○	○
5. Alguien está cantando en la distancia.	○	○

3 **Escuchar** Escucha el fragmento y marca si lo que afirman las oraciones es **cierto** o **falso**.

	Cierto	Falso
1. Él la busca con la mirada.	○	○
2. Él piensa que todavía son los mismos.	○	○
3. El poeta dice que ya no la quiere.	○	○
4. El poeta cree que ella está con otro hombre.	○	○
5. Al poeta le encantan los ojos de ella.	○	○

4 **Escuchar** Escucha el fragmento y marca si lo que afirman las oraciones es **cierto** o **falso**.

	Cierto	Falso
1. Él está seguro de lo que siente por ella.	○	○
2. El poeta piensa que va a ser fácil olvidarse de ella.	○	○
3. Él está harto de ella.	○	○
4. A él le duele la separación.	○	○
5. El poeta cree que es posible que no vuelva a escribirle un poema a ella.	○	○

Lab Manual

VOCABULARIO

Las relaciones personales

Ahora escucharás el vocabulario que está al final de esta lección del libro. Escucha con atención cada palabra o expresión y después repítela.

PARA EMPEZAR

Lección 2

1 Identificación Isabel está de visita en la ciudad y le pide direcciones a su hermana Elena para llegar al centro comercial. Escucha las instrucciones de Elena y ayuda a Isabel a poner estas notas en orden. Ordena las notas escribiendo el número correspondiente junto a cada una.

_____ subir al autobús número 39

_____ doblar en la esquina del banco

_____ cruzar la avenida

_____ bajar en la parada de la estación de bomberos

_____ ver un rascacielos

_____ ver el letrero del centro comercial

_____ cruzar un puente

_____ caminar unos cinco minutos

2 ¡Que no se me olvide! Escucha otra vez las instrucciones que Elena le da a su hermana en la **actividad 1** y después imagina lo que ella va pensando. Sigue el modelo.

> **modelo**
> *Tú escuchas:* Tienes que cruzar la avenida.
> *Tú escribes: Tengo que cruzar la avenida.*

1. _____
2. _____
3. _____
4. _____
5. _____
6. _____
7. _____
8. _____

3 De regreso... Son las cinco de la tarde e Isabel ya ha regresado de las compras. Escucha la conversación que tiene con Elena y, después, elige la opción más adecuada para completar las oraciones.

1. Cuando Isabel regresa del centro comercial, Elena...
   a. está hablando con la vecina.
   b. está viendo la televisión.
   c. está hablando con sus amigas.

2. A Isabel le gusta...
   a. el arte.
   b. pasear.
   c. ver la televisión.

3. Elena quiere...
   a. ir al estadio.
   b. manejar el carro.
   c. estacionar en el museo.

4. Cerca del estadio, siempre hay...
   a. transporte público.
   b. muchos semáforos.
   c. mucho tráfico.

5. Isabel se va a duchar porque...
   a. está lleno.
   b. necesita dar un paseo.
   c. quiere relajarse.

Lab Manual

ESTRUCTURAS

2.1 The preterite

1 **Isabel** Isabel llamó a su novio para contarle cómo fue su semana. Su novio no contesta el teléfono y ella le deja un mensaje. Escucha el mensaje y luego marca si lo que afirman las oraciones es **cierto** o **falso**.

	Cierto	Falso
1. Salió por la noche.	○	○
2. Conoció a algunas amigas de su hermana.	○	○
3. Isabel se divirtió en casa de Elena.	○	○
4. No pudo dormir bien.	○	○
5. Compró regalos en un centro comercial.	○	○

2 **Preguntas** Vuelve a oír el mensaje que Isabel le deja a su novio en la actividad 1 y después contesta las preguntas.

1. ¿Cómo se lo pasó Isabel en casa de su hermana?

_____

2. ¿A qué hora se levantó un día?

_____

3. ¿Qué hicieron por las tardes?

_____

4. ¿Qué compró en el centro comercial?

_____

5. ¿Adónde fueron las hermanas con Brenda y Mariana?

_____

3 **¿Y tú?** ¿Recuerdas qué hiciste la última vez que visitaste a algún/alguna amigo/a o familiar? Contesta las preguntas que escuches explicando con detalle qué hiciste en cada situación. Primero, escribe tus respuestas en el espacio indicado. Después, escucha las preguntas otra vez y responde oralmente para practicar tu pronunciación.

1. _____
2. _____
3. _____
4. _____
5. _____
6. _____

Lab Manual

2.2 The imperfect

1 **Cuando era soltera...** Elena está pensando en cómo era su vida antes de conocer a su marido y mudarse a los suburbios. Escucha lo que dice y después contesta las preguntas.

1. ¿Qué hacía Elena todas las noches? Elena _____ todas las noches.
   a. miraba televisión
   b. iba al cine
   c. salía con sus amigas

2. ¿Se relajaba a menudo? _____ en su apartamento.
   a. No, ella nunca se relajaba
   b. Sí, ella se relajaba a menudo
   c. No, ella no se relajaba porque trabajaba

3. ¿Cómo pagaba sus compras? Siempre pagaba todo con _____.
   a. tarjeta de débito
   b. tarjeta de crédito
   c. dinero en efectivo

4. ¿Tenía dinero? _____.
   a. No, tenía muchas deudas.
   b. Sí, tenía mucho dinero.
   c. No, pero no tenía deudas.

5. ¿Por qué lo pasaba fatal? Lo pasaba fatal porque _____.
   a. no tenía vida nocturna
   b. era muy orgullosa
   c. era muy tímida

2 **El gran cambio** Elena por fin se dio cuenta de que era un poco antipática con los demás, y decidió cambiar su actitud frente a la vida. Escucha lo que dice sobre las diferencias entre la Elena de antes y la Elena de ahora. Después, escribe la acción correspondiente bajo una de las dos columnas.

> **modelo**
> *Tú escuchas:* Antes hablaba muy rápido pero ahora hablo con mucha calma.
> **Antes**   **Ahora**
> *Tú escribes:* Hablaba muy rápido.   Habla con mucha calma.

Antes	Ahora

3 **¿Cómo eras tú antes?** A medida que nos hacemos mayores, nuestra personalidad va cambiando poco a poco, casi sin que nos demos cuenta. Piensa en cómo eras tú cuando estabas en la escuela primaria. ¿Tenías la misma personalidad que ahora? Responde a estas preguntas en el espacio indicado.

1. (actividades) _____

2. (gustar—no gustar) _____

3. (cualidades) _____

4. (feliz) _____

5. (diferencias) _____

6. (futuro) _____

Lab Manual

2.3 The preterite vs. the imperfect

1

¡Qué susto! Esta mañana, al levantarse, Mateo, el esposo de Elena, descubrió que había un cristal roto en una ventana y que faltaban varias cosas en la casa. La policía está investigando lo que ocurrió. Escucha la conversación y, después, determina si las oraciones de abajo son **ciertas** o **falsas**.

	Cierto	Falso
1. Mateo estaba en la cama cuando su esposa escuchó unas voces.	○	○
2. Cuando escuchó las voces eran las tres o las cuatro de la mañana.	○	○
3. Mateo le dijo a su esposa que no oía nada.	○	○
4. La vecina escucha la radio por las noches.	○	○
5. Lo primero que notó Mateo es que el dinero ya no estaba.	○	○
6. Mateo no se dio cuenta de que faltaba el televisor.	○	○
7. El policía le dijo a Mateo que necesitaban buscar pistas.	○	○
8. Mateo sabe exactamente quién entró en su apartamento.	○	○

2

Buscando pistas Imagina que eres un(a) detective. Vuelve a oír la conversación de la **actividad 1** entre el policía y Mateo e inventa cinco preguntas para Mateo sobre lo que ocurrió esa noche.

1. _____
2. _____
3. _____
4. _____
5. _____

3

Las notas del detective Escucha la conversación de Elena, la esposa de Mateo, con el detective y, después, haz una descripción del lugar y de las personas en el momento en el que se cometió el crimen. Por ejemplo, anota cinco detalles de qué se veía en la calle, quién estaba allí, qué ruidos se escuchaban, etc., antes de que ocurriera el robo.

Descripción de cinco detalles del lugar y de las personas

1. _____
2. _____
3. _____
4. _____
5. _____

4

Las notas del detective 2 Ahora, vuelve a oír la conversación entre Elena y el detective de la actividad 3 y luego, ordena la lista con todas las acciones de esa noche, en el orden en que ocurrieron.

Acciones para ordenar

_____ 1. La chica subió rápidamente.

_____ 2. Elena oyó un ruido y miró en la dirección opuesta.

_____ 3. Los estudiantes se abrazaron.

_____ 4. La chica le dijo adiós a alguien.

_____ 5. Elena vio a una chica subiendo a un autobús.

LITERATURA

1 **Escuchar** Escucha el fragmento y marca si lo que afirman las oraciones es **cierto** o **falso.**

	Cierto	Falso
1. Son las cinco de la tarde.	○	○
2. Está lloviendo.	○	○
3. En el café, hay un padre con cinco hijos pequeños.	○	○
4. La muchacha camina rápidamente hacia su mesa.	○	○
5. Ella pide una limonada.	○	○

2 **Escuchar** Escucha el fragmento y marca si lo que afirman las oraciones es **cierto** o **falso.**

	Cierto	Falso
1. A ella le gusta la limonada con azúcar.	○	○
2. Es seguro que está escribiendo un diario.	○	○
3. La muchacha es hermosa.	○	○
4. Es mayo de 1976.	○	○
5. El joven es menor que la muchacha.	○	○

3 **Escuchar** Escucha el fragmento y marca si lo que afirman las oraciones es **cierto** o **falso.**

	Cierto	Falso
1. El joven toma limonada.	○	○
2. Él mira a la muchacha y sonríe.	○	○
3. Empieza a llover otra vez.	○	○
4. La muchacha escribe una nota para el joven.	○	○
5. El mesero no sabe lo que dice la nota.	○	○

4 **Escuchar** Escucha el fragmento y marca si lo que afirman las oraciones es **cierto** o **falso.**

	Cierto	Falso
1. El mesero está enojado.	○	○
2. El joven es tímido.	○	○
3. La muchacha se va sin pagar.	○	○
4. El joven paga la cuenta de la muchacha.	○	○
5. El joven y la muchacha tienen una cita.	○	○

Lab Manual

VOCABULARIO

En la ciudad

Ahora escucharás el vocabulario que está al final de esta lección del libro. Escucha con atención cada palabra o expresión y después repítela.

PARA EMPEZAR   # Lección 3

1 **Identificación** Escucha las siguientes definiciones y anota cada número junto a la palabra definida.

_____ actores	_____ revista sensacionalista
_____ emisión en vivo	_____ locutor
_____ estreno	_____ público
_____ pantalla	_____ telenovela
_____ portada	_____ titulares

2 **Programación televisiva** Escucha el siguiente anuncio de una cadena de televisión e indica qué programación televisiva corresponde a cada uno de los días de la semana indicados.

lunes	miércoles	viernes	domingo	programación
_____	_____	_____	_____	la revista semanal *Siete días*
_____	_____	_____	_____	crónicas deportivas
_____	_____	_____	_____	crónica de sociedad
_____	_____	_____	_____	largometraje *Un día cualquiera*
_____	_____	_____	_____	episodio final de *Tigres*
_____	_____	_____	_____	documental sobre cultura popular
_____	_____	_____	_____	documental sobre las vidas de los grandes jugadores de fútbol internacional

Lab Manual

ESTRUCTURAS

3.1 The subjunctive in noun clauses

1 **Los medios** Dos estudiantes de periodismo hablan sobre los medios. Escucha su conversación y luego indica si lo que afirman las oraciones es **cierto** o **falso**.

	Cierto	Falso
1. Daniel piensa que los medios deben ser imparciales.	○	○
2. A Daniel no le gusta que los periodistas digan lo que piensan.	○	○
3. Marisa prefiere que los periodistas no den sus opiniones personales.	○	○
4. Daniel piensa que su amiga no es idealista.	○	○
5. Daniel cree que es importante obedecer a los jefes.	○	○
6. Marisa piensa que es triste que las noticias sean un negocio.	○	○

2 **Un ayudante** Estás trabajando como ayudante para una publicación sensacionalista. A ti no te gusta el trabajo, pero necesitas el dinero. El problema es que tu jefe inventa historias que tú sabes que no son verdad. Escucha cada historia que menciona tu jefe, y dile lo que piensas en tus propias palabras.

> **modelo**
>
> *Tú escuchas:* Jon Bon Jovi se divorcia después de 10 años de matrimonio.
> *Tú escribes:* Dudo mucho que Jon Bon Jovi se divorcie. o
> Me extraña que Jon Bon Jovi se divorcie.

1. Dudo que _____.

2. No creo que _____.

3. Es poco seguro que _____.

4. Es imposible que _____.

5. No es probable que _____.

6. No es verdad que _____.

3 **¿Cómo debe ser la prensa?** Contesta las preguntas con oraciones completas.

1. (los noticieros de televisión) _____

2. (publicidad en los medios) _____

3. (la prensa) _____

4. (la calidad de los periódicos y las revistas) _____

3.2 Commands

1 **A sus órdenes** El director de la cadena está enojado y le está dando órdenes a César, un estudiante que trabaja durante los veranos. Escucha los mandatos del director y escribe los verbos según los vas oyendo.

1. _____, por favor	6. _____ comida.	11. _____ a la biblioteca.
2. _____ nota.	7. _____ la comida.	12. _____ dos o tres minutos.
3. _____ la sala.	8. _____ del restaurante.	13. _____ al primer piso.
4. _____ la basura.	9. _____ los informes.	14. _____ en mi oficina.
5. _____ al restaurante.	10. _____ estos libros.	15. _____ mucho.

2 **¿Qué dice?** Vuelve a escuchar las órdenes del director de la cadena y contesta las preguntas.

1. ¿Qué quiere hacer el director de la cadena?

   _____

2. ¿Qué tiene que hacer César en el restaurante chino?

   _____

3. ¿Quién debe pagar la comida de todos los compañeros de César?

   _____

4. ¿Qué pide el director que haga César con los libros?

   _____

5. ¿Cuánto tiempo sugiere el director que descanse César?

   _____

6. ¿Cuál es el último mandato que le da el director a César?

   _____

   _____

3 **¡Ayuda!** César le da consejos a un amigo en su primer día de trabajo porque el director de la cadena tiene muy mal humor. Escucha los consejos y cámbialos a mandatos. Sigue el modelo.

> **modelo**
> *Tú escuchas:* Debes ser puntual.
> *Tú lees:* puntual.
> *Tú escribes: Sé*

1. _____ durante las horas de trabajo.

2. _____ mucho café, _____ cansado nunca.

3. _____ las tareas rápidamente.

4. _____ a trabajar todos los fines de semana.

5. _____ seis periódicos cada mañana.

6. _____ de usted.

7. _____ el reloj cuando estés delante de él.

8. _____ las cosas con calma.

Lab Manual

3.3 Object pronouns

1 **Antes del estreno** Faltan dos horas para el estreno de la nueva película de la actriz Sara Manol y su amigo Gonzalo está mirando los regalos que le van a dar a Sara. Escucha las preguntas de Gonzalo y responde según las pistas (*clues*) que se indican.

> **modelo**
>
> *Tú escuchas:* ¿Quién le va a regalar este disco?
> *Tú lees:* Julia
> *Tú escribes: Julia va a regalárselo.* o *Se lo va a regalar Julia.*

1. el secretario: _____
2. yo: _____
3. su novio: _____
4. dos fotógrafos: _____
5. sus amigas: _____
6. el director: _____

2 **Y ahora... Sara** Escucha otra vez las preguntas de Gonzalo, imagina que eres Sara y respóndelas en primera persona.

> **modelo**
>
> *Tú escuchas:* ¿Quién le va a regalar este disco?
> *Tú lees:* Julia
> *Tú escribes: Va a regalármelo Julia.* o *Me lo va a regalar Julia.*

1. el secretario: _____
2. yo: _____
3. su novio: _____
4. dos fotógrafos: _____
5. sus amigas: _____
6. el director: _____

3 **Celos** Jorge, que es muy celoso, está mirando las cosas que hay en el escritorio de Alicia, su novia. Escucha las preguntas que Jorge te hace y explícale para qué usa Alicia cada cosa. ¡Intenta ser creativo/a en tus respuestas!

> **modelo**
>
> *Tú escuchas:* ¿Qué hace Alicia con este radio?
> *Tú contestas: Lo usa para escuchar música.* o *Lo usa para oír las noticias.* o *No lo usa, lo tiene ahí sólo para decorar el escritorio.*

1. _____   4. _____
2. _____   5. _____
3. _____   6. _____

LITERATURA

1 **Escuchar** Escucha el fragmento y marca si lo que afirman las oraciones es **cierto** o **falso**.

	Cierto	Falso
1. Es mediodía.	○	○
2. Osvaldo tiene trece años.	○	○
3. A Osvaldo no le importa estar solo.	○	○
4. La madre de Osvaldo se va rápidamente.	○	○
5. La madre piensa que el niño está dormido.	○	○

2 **Escuchar** Escucha el fragmento y marca si lo que afirman las oraciones es **cierto** o **falso**.

	Cierto	Falso
1. La madre quiere acostar al niño.	○	○
2. El niño está muy cansado.	○	○
3. El niño dice que está esperando.	○	○
4. La madre conoce a la persona que espera Osvaldo.	○	○
5. Osvaldo está contento.	○	○

3 **Interpretar** Escucha las preguntas y después contesta según tu opinión.

1. _____
2. _____
3. _____
4. _____
5. _____
6. _____

Lab Manual

VOCABULARIO

Los medios de comunicación

Ahora escucharás el vocabulario que está al final de esta lección del libro. Escucha con atención cada palabra o expresión y después repítela.

Lab Manual

Lab Manual

1 **¿Qué quiere decir?** Pedro está hablando por teléfono. Escucha sus comentarios y selecciona la oración que mejor exprese la misma idea.

1. _____ a. Fueron novios durante dos años. Ayer María y Juan se separaron.
   _____ b. Fueron novios durante dos años. Ayer Juan y María se independizaron.
   _____ c. Fueron novios durante dos años. Ayer María y Juan se mimaron.

2. _____ a. Los padres de Manuel lo apoyan mucho.
   _____ b. Los padres de Manuel lo respetan en todas sus decisiones.
   _____ c. Los padres de Manuel lo regañan siempre.

3. _____ a. Mi hermano es muy sumiso con sus hijos.
   _____ b. Mi hermano es muy exigente con sus hijos.
   _____ c. Mi hermano está muy unido a sus hijos.

4. _____ a. Mi sobrino Julián tiene problemas de autoestima.
   _____ b. Sus amigos lo llaman de otra manera.
   _____ c. Mi sobrino Julián es mandón.

2 **El novio de Beth** Cristina y Bernardo, los padres de Beth, están hablando del novio que su hija les presentó ayer. Escucha atentamente y marca los adjetivos que escuches.

_____ bien educado	_____ generoso
_____ honrado	_____ mal educado
_____ insoportable	_____ mandón
_____ egoísta	_____ rebelde
_____ estricto	_____ sumiso

3 **El novio de Beth 2** Vuelve a escuchar la conversación entre Cristina y Bernardo, los padres de Beth, y contesta las preguntas.

1. ¿Cuál de los padres de Beth es menos estricto?
   _____

2. Según Cristina, ¿cómo es el carácter del novio de Beth?
   _____

3. Según Bernardo, ¿a quién se parece el muchacho?
   _____

4. ¿En qué etapa de la vida se independizó Rafael?
   _____

5. Según Bernardo, ¿por qué tiene que ser estricto con su hija?
   _____

ESTRUCTURAS

4.1 The subjunctive in adjective clauses

1

Cambio de escuela Mercedes quiere que sus hijos cambien de escuela y le deja un mensaje a Marta, su compañera de trabajo, para pedirle que le recomiende una. Escucha el mensaje y luego complétalo añadiendo las partes que faltan (*are missing*).

Hola Marta, no sé si vas a poder ayudarme, o si conoces a alguien que

1) _____, pero quiero que mis niños

cambien de escuela y pensé que quizás tú conoces alguna que sea buena. Busco una escuela que

2) _____, y necesito que los maestros

3) _____ y también que tengan mucha

paciencia. Prefiero una escuela que esté cerca de mi trabajo, pues cerca de casa no hay

4) _____. Mi suegro me recomendó una escuela muy

buena, pero es muy cara, y yo necesito una 5) _____

más barata. ¿Conoces alguna escuela? Muchas gracias.

2

¡Necesito ayuda! Mercedes quiere contratar a una persona que le ayude a limpiar la casa y a cuidar de los niños. Por eso puso un anuncio en la radio local para encontrar a una persona que la ayude a cuidar de su familia. Escucha el anuncio y, después, indica si cada una de estas oraciones es **cierta** o **falsa**.

	Cierto	Falso
1. Mercedes necesita ayuda urgentemente.	○	○
2. Busca a una persona que pueda ocuparse de toda la familia.	○	○
3. Quiere contratar a una persona que sea exigente.	○	○
4. Mercedes quiere encontrar a alguien que maneje.	○	○
5. Busca a una persona que viva en las afueras de la ciudad.	○	○
6. Necesita contratar a alguien que sepa cocinar.	○	○

3

¿Y tu familia? Imagina que necesitas contratar a una persona que cuide a tu familia. ¿Qué cualidades debe tener esa persona? Escucha las preguntas y respóndelas según las preferencias de tu familia. Después, vuelve a escuchar las preguntas y responde oralmente para practicar la pronunciación.

1. Busco una persona que _____.

2. Prefiero a alguien que _____.

3. Debe hacer trabajos que _____.

4. Sí/No, (no) necesitamos alguien que _____.

5. Preferimos a un estudiante que _____.

6. Sí/No, (no) podemos convivir con una persona que _____.

Lab Manual

4.2 Reflexive verbs

1 **¡Qué diferentes!** Roberto y Jorge, dos amigos de Alicia, son muy diferentes entre sí. Escucha lo que dice Alicia sobre ellos, mira las ilustraciones y luego indica si lo que dice es **cierto** o **falso**. Corrige las falsas.

Roberto   **Jorge**

	Cierto	Falso	
1.	○	○	_____
2.	○	○	_____
3.	○	○	_____
4.	○	○	_____
5.	○	○	_____

2 **Mientras tanto...** Marta, la compañera de Alicia, está preparando una composición sobre la rutina diaria de su familia para una de sus clases. Escucha a Marta mientras lee su composición y conecta la(s) persona(s) de la columna A con la actividad correspondiente en la columna B.

A	B
1. Andrés	a. levantarse temprano para arreglarse
2. Rosa	b. vestirse muy elegantemente
3. Papá	c. olvidarse de quién es su familia
4. Mamá	d. quitarse el pijama y vestirse solo
5. Alberto	e. ducharse y vestirse en quince minutos
6. El abuelo	f. quejarse porque sólo hay un baño

3 **Más información** Ahora, usando la información de la actividad 2, escribe una frase sobre un aspecto de la rutina diaria de cada uno de los miembros de la familia de Marta. Si quieres, puedes añadir información adicional para cada personaje.

1. _____

2. _____

3. _____

4. _____

5. _____

6. _____

Lab Manual

4.3 *Por* and *para*

1 **¿Qué hacemos?** María y su amigo Steve están de vacaciones en México. Escucha su conversación y complétala con **por** o **para**.

1. a. por   b. para
2. a. por   b. para
3. a. por   b. para
4. a. por   b. para
5. a. por   b. para
6. a. por   b. para
7. a. por   b. para
8. a. por   b. para

2 **Sus planes** Ahora, vuelve a escuchar la conversación de la actividad 1 y escribe un resumen de los planes de María y Steve.

bonitas y baratas	estación de tren	regalos
comprar	hotel	

_____

_____

_____

_____

_____

_____

_____

_____

3 **Ahora le toca a Steve** Después de varias horas de viaje, Steve ya no sabe qué hacer. Está aburridísimo, así que decide jugar a completar frases con María. ¡No hay muchas actividades que hacer en un tren! Escucha como Steve empieza cada frase y determina cuál de las opciones es la mejor para completarla lógicamente. Anota el número correspondiente junto a cada opción.

_____ a. ...para ti.

_____ b. ...por muchos pueblos de la frontera.

_____ c. ...para ir hasta el hotel.

_____ d. ....para no llegar tarde a nuestra cita.

_____ e. ... por teléfono.

_____ f. ...para México.

LITERATURA

1 **Escuchar** Escucha el fragmento y marca si lo que afirman las oraciones es **cierto** o **falso**.

	Cierto	Falso
1. Fray Bartolomé se perdió en la selva.	○	○
2. Fray Bartolomé está en España.	○	○
3. El fraile esperaba ayuda de sus amigos.	○	○
4. El fraile empezó a pensar que iba a morir.	○	○
5. Él quiso acordarse de su patria.	○	○

2 **Escuchar** Escucha el fragmento y marca si lo que afirman las oraciones es **cierto** o **falso**.

	Cierto	Falso
1. El religioso se durmió.	○	○
2. Cuando despertó, había un grupo de indígenas mirándolo.	○	○
3. Los indígenas querían ayudarlo.	○	○
4. Él supo que iba a morir.	○	○
5. Conocía perfectamente la lengua indígena.	○	○

3 **Escuchar** Escucha el fragmento y marca si lo que afirman las oraciones es **cierto** o **falso**.

	Cierto	Falso
1. El religioso no pensó un plan para escapar.	○	○
2. Recordó que iba a haber un eclipse de sol.	○	○
3. Los indígenas le creyeron.	○	○
4. El religioso estaba muy orgulloso de su cultura.	○	○
5. Los indígenas se reunieron.	○	○

4 **Interpretar** Escucha el fragmento y después contesta las preguntas.

1. ¿Qué pasó dos horas después?

   _____

   _____

   _____

2. ¿Por qué sabían que fray Bartolomé no les decía la verdad?

   _____

   _____

   _____

   _____

3. ¿Qué creen que representa Aristóteles en el cuento?

   _____

   _____

   _____

   _____

Lab Manual

VOCABULARIO

Entre familia

Ahora escucharás el vocabulario que está al final de esta lección del libro. Escucha con atención cada palabra o expresión y después repítela.

PARA EMPEZAR

Lección 5

1 **Identificación** Escucha el siguiente segmento de un programa de noticias. Después, indica qué palabras de la lista se mencionan.

_____ aire	_____ olas
_____ agotar	_____ peligro
_____ costas	_____ prevenir
_____ huracán	_____ río
_____ inundaciones	_____ sequía

2 **El medio ambiente** La universidad ha organizado un programa para los estudiantes interesados en conservar y proteger el medio ambiente. Escucha las tres opciones que se ofrecen a los participantes y, después, indica por lo menos dos datos específicos que escuchaste sobre cada programa.

Energía limpia

_____

_____

Mar azul

_____

_____

Ayuda

_____

_____

3 **¿Qué?** Vuelve a escuchar la información sobre los programas para voluntarios de la actividad 2 y, después, responde a las preguntas.

1. ¿Cuál es el objetivo del programa *Energía limpia*?

_____

2. ¿Para qué tipo de personas está dedicado el programa *Mar azul*?

_____

3. ¿Para qué visitarán los voluntarios de *Mar azul* a los empresarios locales?

_____

4. ¿Qué deben llevar consigo los voluntarios para registrarse en la reunión de *Mar azul*?

_____

5. ¿Qué particularidad comparten los directores del programa *Ayuda*?

_____

6. Según el locutor, ¿quiénes tienen el deber de cuidar la Tierra?

_____

ESTRUCTURAS

5.1 The future

1   **Un futuro aterrador** Rappel es uno de los futurólogos europeos más famosos. Escucha sus predicciones para el futuro del planeta Tierra y, después, indica por lo menos dos cosas que Rappel predice para cada uno de los temas.

Los bosques	Cierto	Falso		Cierto	Falso
1. Desaparecerán casi por completo.	○	○	3. No tendrán animales.	○	○
2. Tendrán muchos pájaros.	○	○	4. Serán como un desierto.	○	○

Los océanos					
1. Los mares se quedarán sin agua.	○	○	3. No habrá playas limpias.	○	○
2. Los océanos se contaminarán.	○	○	4. El agua estará llena de basura.	○	○

Los seres humanos					
1. No destruirán la naturaleza completamente.	○	○	3. Vivirán felices.	○	○
2. No saldrán a pasear.	○	○	4. No viajarán a otros lugares.	○	○

2   **¿Qué harás?** Rappel quiere saber si tú estás dispuesto a colaborar para evitar estas catástrofes de las que te ha hablado. Escucha sus preguntas y contesta en el espacio indicado. Después, vuelve a escuchar las preguntas y responde oralmente para practicar tu pronunciación.

1. _____
2. _____
3. _____
4. _____
5. _____
6. _____

3   **El futuro** Ahora, escribe un breve párrafo con tus propias predicciones para tu futuro. ¿Será tan malo y tan negro como el futuro que predijo Rappel? ¿Qué grandes cambios ocurrirán en tu vida?

Creo que en los próximos veinte años, mi vida (no) sufrirá grandes cambios.

_____
_____
_____
_____
_____
_____

Lab Manual

5.2 The conditional

1 **Después de la excursión** Susana y sus amigos acaban de regresar de una excursión en la montaña. Escucha mientras Susana te explica qué hizo cada persona, y elige la opción que sea más lógica para justificar esa acción.

> **modelo**
>
> *Tú escuchas:* Emilio se puso unos guantes.
> *Tú lees:* Tendría frío.   Tendría calor.
> *Tú eliges: Tendría frío.*

1. a. Tendría un mensaje.   b. Estaría sonando (*ringing*).
2. a. Necesitaría hablar con ella.   b. Querría descansar.
3. a. Estarían cansados.   b. Tendrían hambre.
4. a. Estaría aburrido.   b. Echaría de menos a su novia.
5. a. Tendrían frío.   b. Querrían bañarse.
6. a. Tocaría muy bien.   b. No sabría tocar ningún instrumento.
7. a. Querría hablar.   b. Desearía dormir.
8. a. Tendría ganas de bailar.   b. Necesitaría relajarse.

2 **De excursión** Ahora, imagina que te vas de excursión con tus amigos. ¿Qué haría cada uno de ustedes? Escribe un pequeño párrafo describiendo lo que harían, usando el condicional.

Mis amigos y yo viajaríamos a... _____

_____

_____

_____

_____

_____

3 **Un nuevo candidato para el club** Tú quieres participar en el club de excursiones de tu universidad, pero los requisitos para la admisión son bastante duros. Hoy tienes una entrevista con uno de los oficiales que quiere saber cómo reaccionarías en distintas situaciones. Escucha sus preguntas y escribe las repuestas en el espacio indicado, según tus preferencias. Después, responde oralmente para practicar la pronunciación.

> **modelo**
>
> *Tú escuchas:* Imagina que estás de excursión y ves un oso (*bear*). ¿Qué harías?
> *Tú escribes: Me tiraría al suelo y no haría nada.*

1. (llamar al doctor de emergencia) _____
2. (ayudar) _____
3. (no preocuparse) _____
4. (curar) _____
5. (usar un tronco de un árbol) _____
6. (gritar) _____
7. (buscar vegetales comestibles) _____
8. (saltar de alegría) _____

5.3 Relative pronouns

1 **El zoológico** Los representantes del zoológico se han reunido para mejorar la calidad de vida de los animales. Escucha lo que ocurre en la reunión y selecciona la opción que mejor representa lo que se dice.

1. a. Los responsables del zoológico con un presupuesto altísimo aprobaron un proyecto.
   b. Los responsables del zoológico aprobaron el proyecto que tiene un presupuesto altísimo.

2. a. El especialista que trabaja con los monos es de Cuba.
   b. El especialista de Cuba habló con el representante.

3. a. La responsable de las serpientes, la cual tiene problemas en la piel, ordenó unas vitaminas.
   b. La responsable de las serpientes quiere darles vitaminas a las que tienen problemas en la piel.

4. a. La entrevistadora llamó al candidato, el cual vive en Miami.
   b. La entrevistadora llamó al candidato desde Miami.

5. a. El empleado quería cambiar a los tigres de lugar, los cuales no tenían mucho espacio.
   b. Un empleado pidió que cambiaran a los tigres de lugar porque él necesitaba más espacio.

6. a. Los responsables del zoológico contrataron a un nuevo ayudante, el cual está especializado en aves exóticas.
   b. Los responsables del zoológico contrataron a un nuevo ayudante para especializarse en aves exóticas.

2 **Descanso** Durante un descanso de la reunión del zoológico, dos compañeros se entretienen describiendo lo que está pasando en la oficina. Escucha las descripciones y, después, contesta las preguntas.

1. ¿Qué chica está sentada a la derecha?

   _____

2. ¿Qué mono (*monkey*) está encima de la mesa?

   _____

3. ¿Qué abogados de la empresa están de pie?

   _____

4. ¿Cuál es el representante del ayuntamiento?

   _____

5. ¿Quién está sentada a la izquierda?

   _____

6. ¿Quién está al otro lado de la puerta y parece que está solo?

   _____

Lab Manual

LITERATURA

1 **Escuchar** Escucha el fragmento y selecciona la opción que mejor completa cada oración.

1. La luna se puede tomar como una cápsula…
   a. cada dos horas.   b. cada tres horas.   c. cada doce horas.
2. Es buena para…
   a. relajarse.   b. dormirse.   c. estudiar filosofía.
3. La luna en el bolsillo te ayuda a…
   a. encontrar un conejo.   b. encontrar el amor.   c. ser pobre.
4. También sirve para…
   a. no estar enfermo.   b. ser médico.   c. no ser nadie.

2 **Escuchar** Escucha el fragmento y selecciona la opción que mejor completa cada oración.

1. La luna se puede dar de postre…
   a. nunca.   b. a los niños dormidos.   c. a los niños despiertos.
2. Ayuda a los ancianos a…
   a. relajarse.   b. bien morir.   c. bien vivir.
3. Debes poner una hoja de luna…
   a. en la cordillera.   b. debajo de la cama.   c. debajo de la almohada.
4. Si lo haces,
   a. no necesitarás ver nada.   b. podrás ver lo que quieras.   c. mirarás la luna auténtica.

3 **Escuchar** Escucha el fragmento y selecciona la opción que mejor completa cada oración.

1. Lleva un frasquito de la luna para cuando…
   a. te duermas.   b. haga frío.   c. te falte el aire.
2. A los presos les ayudará…
   a. la llave de la luna.   b. la cara de la luna.   c. a sonreír.
3. La luna es para los condenados…
   a. a muerte y a vida.   b. que no les gusta la muerte.   c. por algún crimen.
4. La luna debe tomarse…
   a. siempre que se quiera.   b. en dosis controladas.   c. en dosis grandes.

Lab Manual

VOCABULARIO

Nuestro mundo

Ahora escucharás el vocabulario que está al final de esta lección del libro. Escucha con atención cada palabra o expresión y después repítela.

Lab Manual

PARA EMPEZAR

Lección 6

1 **Identificación** Escucha el siguiente boletín de noticias (*news bulletin*) y, después, marca las palabras de la lista que se mencionan.

_____ aprobar	_____ igualdad
_____ creencia	_____ injusticia
_____ desigualdad	_____ ley
_____ ganar	_____ luchar
_____ gobierno	_____ presidente

2 **La noticia** Escucha otra vez la noticia de la actividad 1 y contesta las preguntas.

1. ¿Qué cargo político tiene Ramón Pastor? Es el _____ del partido liberal.
   a. presidente   b. secretario   c. vicepresidente

2. ¿Para qué se ha reunido con Mario Rodríguez? Se ha reunido hoy para _____ contra la desigualdad en el mundo del trabajo.
   a. dar un discurso   b. manifestarse   c. presentar un proyecto de ley

3. ¿Para qué quiere organizar una campaña (*campaign*)? Quiere organizar una campaña para luchar por la igualdad de derechos _____.
   a. para todos los niños   b. para todos los trabajadores   c. para las mujeres

4. ¿Por qué cree el senador que el Congreso tiene que aprobar la ley? Cree que el Congreso tiene que aprobar la ley porque es _____ de mucha importancia para todos.
   a. un tema   b. un problema   c. una situación

5. ¿Cuándo se debe aprobar la ley? Se debe aprobar la ley antes de que _____.
   a. el próximo año   b. empiece el año   c. termine el año

3 **Los candidatos** Hay dos finalistas para el puesto de presidente estudiantil en tu universidad, Rosa Martínez y Eusebio Roma. Escucha sus presentaciones y, después, responde a las preguntas.

1. ¿Qué quiere hacer Rosa Martínez?
   Quiere dedicarse a mejorar _____

2. ¿Cómo quiere conseguirlo?
   Quiere conseguirlo con _____

3. ¿Contra qué quiere luchar Eusebio Roma?
   Quiere luchar contra _____

4. ¿Con quién cree Eusebio Roma que debe colaborar el gobierno estudiantil?
   El gobierno estudiantil debe colaborar con _____

5. ¿Qué es lo que Eusebio Roma no va a permitirle a ningún miembro de la administración?
   No va a permitir que ningún miembro de la administración _____

6. ¿Cuándo van a ser las elecciones para el cargo de presidente estudiantil?
   Van a ser el martes _____

Lab Manual

ESTRUCTURAS

6.1 The subjunctive in adverbial clauses

1 **Instrucciones útiles** Un profesor de política internacional está explicando cómo va a ser la clase y lo que tienen que hacer los estudiantes para que les vaya bien en el curso. Gerardo está sentado en la última fila y no puede oír lo que dice el profesor. Un compañero de clase le ayuda a corregir sus notas que están todas mal. Imagina que eres el compañero de Gerardo y corrige sus notas según lo que oyes.

1. Debemos esperar al final de semestre para empezar el proyecto.
   Debemos esperar al final de semestre _____.

2. Nos recomienda que hablemos con nuestros compañeros antes de conocerlos.
   Nos recomienda que hablemos con _____.

3. Podemos elegir cualquier tema para nuestro proyecto, sin condiciones.
   Podemos elegir cualquier tema _____.

4. Debemos ir a la biblioteca sin las listas de libros.
   Debemos ir a la biblioteca _____.

5. No necesitamos una excusa si no le decimos de qué va a tratar el proyecto.
   _____ decimos de qué va a tratar el proyecto.

2 **Sigamos** Después del descanso, el profesor de la actividad 1 vuelve a reunir a los estudiantes para darles un poco de información adicional. El problema es que ya es tarde, el profesor está cansado y cada vez que empieza una frase se duerme antes de terminarla. Ayuda al profesor y elige la opción más lógica para terminar cada oración.

_____ a. no se olviden de que al final serán felices por conseguir lo que querían.

_____ b. pueden comprarlos en la librería.

_____ c. consultar conmigo.

_____ d. no es imposible; no se den por vencidos (*give up*).

_____ e. estudiantes, nada les impedirá triunfar.

_____ f. sus profesores estén explicando algo.

3 **¿Y tú?** Usa las pistas (*cues*) que se incluyen para contestar las preguntas que escuches. Después, escucha las preguntas otra vez y contesta oralmente para practicar la pronunciación.

> **modelo**
>
> *Tú escuchas:* ¿Vas a pagar tus deudas al terminar los estudios?
> *Tú lees:* en cuanto
> *Tú escribes: Sí, voy a pagar mis deudas en cuanto termine los estudios.*

1. sin que _____

2. tan pronto como _____

3. después de que _____

4. a menos que _____

5. con tal de que _____

6. a pesar de que _____

6.2 The past subjunctive

1 **Los sueños** Eusebio es muy idealista y siempre está soñando despierto. Escucha lo que dice y vuelve a escribir sus deseos y los deseos de sus amigos y familiares usando **ojalá** seguido del imperfecto de subjuntivo. Sigue el modelo.

> **modelo**
> Tú escuchas: A mis padres les gustaría dedicarse a la política.
> Tú lees: a la política.
> Tú escribes: Ojalá mis padres se dedicaran a la política.

1. _____ dos millones de dólares.
2. _____ ayudar a otras personas.
3. _____ muchos idiomas.
4. _____ para mejorar el país.
5. _____ presidente de los Estados Unidos.
6. _____ en las decisiones del gobierno.
7. _____ en un tribunal.
8. _____ a leer a todas las personas analfabetas.

2 **Un pequeño problema** Rosa y Eusebio, los dos candidatos al puesto de presidente estudiantil, son voluntarios del Partido del Pueblo para las próximas elecciones del país. Los dos fueron los responsables de organizar una importante reunión del partido. El problema es que Eusebio no siguió bien las instrucciones de Rosa y hubo algunos problemas. Escucha la conversación y, después, responde a las preguntas.

1. ¿Cuándo esperaba Rosa que entregaran las sillas? Esperaba que entregaran las sillas el sábado
   _____.
   a. a las nueve de la tarde   b. a las nueve de la mañana   c. a las ocho de la mañana

2. ¿A qué hora le pidió Rosa a Eusebio que llegara al club? Le pidió que llegara
   _____.
   a. antes de las ocho   b. entre las siete y las ocho   c. después de las ocho

3. ¿Qué cosas le sugirió Rosa a Eusebio que comprara para los miembros del partido? Le sugirió que comprara _____.
   a. unos cafés y unos dulces   b. unas revistas   c. botellas de agua

4. ¿Para cuándo le pidió Rosa a Eusebio que preparara las fotocopias? Le pidió que las preparara para _____.
   a. la semana pasada   b. esta mañana   c. esta tarde

5. ¿Qué le pidió Eusebio a Rosa en relación con la prensa? Le pidió que lo ayudara a
   _____.
   a. organizar el salón   b. organizar las entrevistas   c. hablar con los periodistas

6. ¿Por qué crees que Eusebio le recordó a Rosa las veces que ella no le ayudó?

Lab Manual

6.3 Comparisons and superlatives

1 **¡Cuántos recuerdos!** Rosa y Eusebio se están llevando bien, por fin. Después de la reunión del partido, los dos nuevos amigos están dando un paseo por Puerto Montt, la ciudad donde se hospedan en Chile. Escucha la conversación y, después, indica si cada una de estas afirmaciones es **cierta** o **falsa**.

	Cierto	Falso
1. A Rosa, Puerto Montt le recuerda su viaje último a España.	○	○
2. Según Rosa, Altea es una ciudad más grande que Puerto Montt.	○	○
3. En Puerto Montt hay menos balcones que en Altea.	○	○
4. Las calles de Altea son más estrechas (*narrow*) que las de Puerto Montt.	○	○
5. La gente de Altea es tan simpática como la de Puerto Montt.	○	○
6. Eusebio no piensa que Rosa tiene más oportunidades que él para viajar.	○	○

2 **Comparar** Compara las casas de la ilustración y después contesta las preguntas.

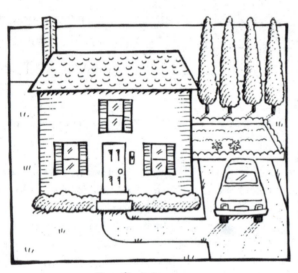 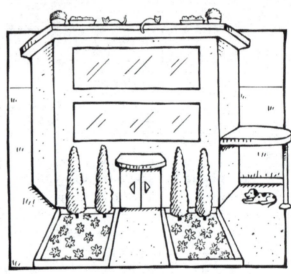

Familia López   Familia Brito

1. Familia López / Familia Brito _____

2. Familia López / Familia Brito _____

3. Familia López / Familia Brito _____

4. Familia López / Familia Brito _____

5. Familia López / Familia Brito _____

3 **Mi viaje** Ahora, escucha las preguntas que siguen para hablar un poco sobre tu último viaje. Primero, escribe las respuestas en el lugar indicado y, después, responde oralmente a cada pregunta para practicar la pronunciación.

1. _____

2. _____

3. _____

4. _____

5. _____

6. _____

Lab Manual

LITERATURA

1   **Escuchar** Escucha el fragmento y marca si lo que afirman las oraciones es **cierto** o **falso**.

	Cierto	Falso
1. Están en guerra.	○	○
2. El hombre no quiere que muera el soldado.	○	○
3. Se acercaron más personas para decirle que no muriera.	○	○
4. El soldado vuelve a la vida.	○	○

2   **Escuchar** Escucha el fragmento y marca si lo que afirman las oraciones es **cierto** o **falso**.

	Cierto	Falso
1. Muchos fueron a pedirle al soldado que siguiera viviendo.	○	○
2. Todos decían que amaban al cadáver.	○	○
3. Al final, todos los hombres de la tierra murieron.	○	○
4. El cadáver les miró alegremente.	○	○
5. El cadáver empezó a caminar.	○	○

3   **Interpretar** Escucha las preguntas y después contesta según tu opinión.

1. _____

2. _____

3. _____

4. _____

5. _____

Lab Manual

VOCABULARIO

Creencias e ideologías

Ahora escucharás el vocabulario que está al final de esta lección del libro. Escucha con atención cada palabra o expresión y después repítela.

PARA EMPEZAR

Lección 7

1 **Identificación** Escucha las siguientes definiciones y elige la palabra que corresponde a cada una.

1. a. aumento   b. gerente
2. a. deuda   b. contrato
3. a. despedir   b. gastar
4. a. empleo   b. almacén
5. a. finanzas   b. reunión
6. a. bolsa de valores   b. presupuesto
7. a. jubilarse   b. aprovechar
8. a. sueldo   b. sindicato
9. a. currículum vitae   b. cuenta de ahorros
10. a. cobrar   b. solicitar

2 **¿Quién lo dijo?** Escucha las oraciones y escribe el número al lado de la persona que crees que dice cada una de ellas. Dos personas no dicen nada.

a. _____ vendedor(a)

b. _____ asesor(a)

c. _____ periodista

d. _____ empleado/a de banco

e. _____ dueño/a

f. _____ desempleado/a

g. _____ socio/a

3 **¿Cuánto sabes sobre el mundo laboral?** ¿Estás preparado para entrar a formar parte del mundo laboral? ¿Tienes una idea clara de cuáles son tus objetivos? Escucha las preguntas y respóndelas según tu propia experiencia. Después, lee tus respuestas con atención para determinar si hay algunos puntos que necesitas revisar o si ya estás listo para empezar tu vida profesional.

1. _____

2. _____

3. _____

4. _____

5. _____

6. _____

Lab Manual

ESTRUCTURAS

7.1 The present perfect

1 **Desde aquel momento** María trabajó en Paraguay durante un tiempo. Ahora ha regresado a los Estados Unidos y está hablando con una amiga sobre los cambios que María ha hecho en su vida desde la última vez que se vieron. Escucha su conversación y, después, elige la respuesta adecuada para completar estas oraciones.

1. Durante los últimos días, María ha estado pensando en...
   a. su cuenta bancaria.   b. su amiga.
2. Desde que regresó de Paraguay, María ha hecho muchos cambios...
   a. profesionales.   b. personales.
3. María dice que durante su viaje tuvo mucho tiempo para...
   a. pensar y observar.   b. trabajar y conversar.
4. María se ha pasado los últimos cinco años...
   a. trabajando.   b. de vacaciones.
5. En Paraguay, María tuvo la oportunidad de...
   a. invertir mucho dinero.   b. conocer a muchas personas.
6. María ha calculado que para vivir una vida tranquila...
   a. necesita un millón de dólares.   b. no necesita mucho dinero.
7. María ha llegado a la conclusión de que...
   a. su felicidad importa más que el dinero.   b. quiere tener un puesto más importante.
8. La amiga de María no ha visto nunca a nadie tan...
   a. loco.   b. capaz.

2 **¿Qué piensas?** Escucha otra vez la conversación de la **actividad 1** entre María y su amiga y después contesta las preguntas.

1. ¿Cómo crees que lo ha pasado María en Paraguay?

   _____

   _____

2. ¿Por qué ha decidido María renunciar su puesto y buscar algo menos estresante?

   _____

   _____

3. ¿Crees que ha hecho bien María en decidir cambiar su vida? ¿Por qué?

   _____

   _____

3 **Tu relación con el dinero** Contesta las preguntas que escuches.

1. _____
2. _____
3. _____
4. _____
5. _____

7.2 The present perfect subjunctive

1 **Opiniones** Imagina que estás trabajando en una pequeña empresa y un compañero tuyo es muy perezoso e inseguro. Escucha lo que te dice tu compañero, y dile lo que piensas usando el presente perfecto de subjuntivo. Sigue el modelo.

> **modelo**
>
> *Tú escuchas:* El gerente se ha olvidado de mi aumento de sueldo.
> *Tú escribes:* Dudo mucho que el gerente **se haya olvidado** de tu aumento de sueldo.

1. No creo que _____ a la secretaria.

2. Dudo que _____ las notas.

3. Es imposible que no _____ la tarjeta de crédito.

4. No pienso que el banco _____ un contador nuevo.

5. No creo que los jefes _____ el banco.

6. No es verdad que _____ a Manuel.

2 **¡Ahora todos!** El dueño de la empresa va a hacer una visita a las oficinas. El mismo compañero perezoso e inseguro de la **actividad 1** está fuera de control y todos los empleados de la oficina le contestan al mismo tiempo. Elige las expresiones de la lista y escribe los comentarios que hacen todos los empleados. Sigue el modelo.

> **modelo**
>
> *Tú escuchas:* Pienso que el gerente está de mal humor.
> *Tú escribes:* No creemos que el gerente esté de mal humor.

dudar que	ser importante que
no creer que	ser imposible
ojalá	ser improbable que

1. _____.

2. _____.

3. _____.

4. _____.

5. _____.

3 **Y tú, ¿qué piensas?** Hoy en día, la situación económica de un país puede afectar a otro. Escucha las preguntas y escribe tus respuestas para dar tu opinión. Después, responde oralmente para practicar la pronunciación.

1. (las empresas norteamericanas) _____

2. (muchas deudas) _____

3. (los gobiernos de países ricos) _____

4. (los sueldos de hombres y mujeres) _____

5. (la situación económica) _____

7.3 Uses of *se*

1 **Una situación complicada** Amelia te va a explicar lo que les pasó a dos amigos suyos mientras estaban en la cola del banco. Escucha su historia y, después, determina si cada una de las siguientes oraciones es **cierta** o **falsa**, según la información que escuches.

	Cierto	Falso
1. Al llegar al banco, los amigos de Amelia se pusieron en la cola.	○	○
2. Se les informó de que unos ladrones (*crooks*) estaban dentro del banco.	○	○
3. A un empleado se le perdió un libro.	○	○
4. Los policías les pidieron a los empleados que mostraran su identificación.	○	○
5. Después, se les prohibió la entrada al banco a todas las personas.	○	○
6. A la amiga de Amelia se le olvidó su nombre.	○	○
7. Al final, había dos ladrones en el banco.	○	○
8. Se daño la alarma porque un empleado la conectó mal.	○	○

2 **¿Qué pasó?** Vuelve a escuchar lo que ocurrió en el banco y contesta las preguntas que escuches.

1. _____
   _____
2. _____
   _____
3. _____
   _____
4. _____
   _____
5. _____
   _____

3 **Un poco de imaginación** Roberto te va a contar lo que le pasó durante su última entrevista de trabajo. Escucha mientras Roberto empieza cada oración y termínala de forma apropiada, según el contexto.

1. _____
2. _____
3. _____
4. _____
5. _____
6. _____

LITERATURA

1 **Escuchar** Escucha el fragmento y marca si lo que afirman las oraciones es **cierto** o **falso**.

	Cierto	Falso
1. Sus hijos trabajan en la tienda.	○	○
2. Él tiene problemas con el hijo.	○	○
3. A él no le gusta el teatro.	○	○
4. Él quiere cerrar la tienda.	○	○
5. Se ha separado de su mujer hace poco tiempo.	○	○

2 **Escuchar** Escucha el fragmento y marca si lo que afirman las oraciones es **cierto** o **falso**.

	Cierto	Falso
1. Él termina de trabajar cada día a las nueve.	○	○
2. Le gusta hablar con los policías.	○	○
3. El hombre mató a los jóvenes.	○	○
4. Él sospechó de ellos desde el principio.	○	○
5. El hombre afirma que el joven sacó una pistola.	○	○

3 **Escuchar** Escucha el fragmento y marca si lo que afirman las oraciones es **cierto** o **falso**.

	Cierto	Falso
1. El hombre había estado en la guerra.	○	○
2. El arma del joven era de juguete.	○	○
3. Los jóvenes tenían unos veinte años.	○	○
4. La muchacha tenía una pistola.	○	○
5. El hombre los mató porque temía por su vida.	○	○

4 **Interpretar** Según tu opinión, ¿qué ocurrió en la tienda? Escribe tu versión de los hechos en un pequeño párrafo.

_____

_____

_____

_____

_____

_____

_____

_____

_____

_____

_____

_____

_____

_____

_____

Lab Manual

VOCABULARIO

El trabajo y las finanzas

Ahora escucharás el vocabulario que está al final de esta lección del libro. Escucha con atención cada palabra o expresión y después repítela.

Lab Manual

PARA EMPEZAR

Lección 8

1 **Identificación** Escucha las siguientes definiciones y escribe el número de cada una junto a la palabra correspondiente.

_____ a. buscador

_____ b. células

_____ c. clonar

_____ d. contraseña

_____ e. descubrimiento

_____ f. extraterrestres

_____ g. herramienta

_____ h. patente

_____ i. telescopio

_____ j. teoría

2 **¿Para bien o para mal?** Algunos adelantos científicos son muy positivos, pero otros causan problemas que pueden resultar destructivos para la humanidad. Escucha las siguientes oraciones, determina si se refieren a un descubrimiento o invento positivo o negativo, y escribe el nombre del invento o descubrimiento en la columna apropiada.

modelo

Tú escuchas: Se ha descubierto una cura para el cáncer.

Tú escribes: Cura para el cáncer en la columna de Positivo.

POSITIVO	NEGATIVO
1. cura para el cáncer	_____
2. _____	_____
3. _____	_____
4. _____	_____
5. _____	_____
6. _____	_____

3 **Pues...** Escucha con atención las preguntas y, después, contéstalas según tu opinión.

1. _____

2. _____

3. _____

4. _____

5. _____

6. _____

Lab Manual

ESTRUCTURAS

8.1 The past perfect

1

Cuestión de gustos Marta y Carlos están en un laboratorio de genética humana esperando el momento de su cita para determinar qué tipo de bebé les gustaría tener. Escucha su conversación y, después, determina si cada una de las oraciones es **cierta** o **falsa**, según lo que escuches.

	Cierto	Falso
1. Marta había decidido que quería una niña rubia antes de la cita.	○	○
2. Al llegar a la cita, Carlos había empezado a preocuparse.	○	○
3. El asesor genético les había dicho que no podían elegir todo lo que quisieran.	○	○
4. La pareja había decidido tener el bebé hacía una semana.	○	○
5. Marta dijo que un bebé había nacido con los dientes perfectos.	○	○
6. Marta le aseguró a Carlos que los métodos científicos habían mejorado muchísimo en los últimos años.	○	○

2

Te toca a ti Vuelve a escuchar la conversación entre Marta y Carlos. Después contesta las preguntas con oraciones completas.

> *modelo*
>
> *Tú escuchas:* ¿Adónde habían ido Marta y Carlos?
> *Tú escribes: Marta y Carlos habían ido a un laboratorio.*

1. _____
2. _____
3. _____
4. _____
5. _____

3

¿Qué habías hecho? Todos tenemos momentos en la vida que son más importantes que otros. Escucha las preguntas y responde si ya habías hecho esas cosas en el año indicado.

> *modelo*
>
> *Tú escuchas:* ¿Ya habías nacido?
> *Tú lees:* En 1988,
> *Tú escribes: yo ya había nacido.*

1. En 1990, _____
2. En 1997, _____
3. En 1999, _____
4. En 2000, _____
5. En 2001, _____
6. En 2004, _____

Lab Manual

8.2 The past perfect subjunctive

1 **Quejas y más quejas** Se ha organizado una exposición sobre astronomía. Adriana anotó todos los comentarios negativos de los invitados para comentárselos a la directora al día siguiente. Escucha las notas de Adriana, después, escríbelas de forma apropiada para pasárselas a la directora.

> **modelo**
>
> *Tú escuchas:* A Ramón no le gusta que haya asistido tanta gente a la exposición.
> *Tú lees:* Ramón / gustar / haber asistido / tanta gente / a la exposición
> *Tú escribes: A Ramón no le gustó que hubiera asistido tanta gente a la exposición.*

1. Emilio / molestar / tantos problemas con el telescopio

2. astronautas invitados / no parecerle bien / tanto tiempo a los astronautas del pasado

3. recepcionista / molestar / (nosotros) / a otro asistente

4. astronautas / tener miedo de / los organizadores del evento / contra posibles robos

5. representante del servicio de comida / no gustar / tantos invitados antes de la hora prevista

6. mí / no gustar / tanta gente para quejarse de todo

7. astrónoma / pensar / ser una lástima / una sala dedicada exclusivamente a las estrellas

8. organizador / tiene miedo / los invitados / de la exposición

2 **¿Algo que objetar?** Piensa en la última vez que asististe a una exposición de cualquier tipo. Basándote en esa experiencia, escucha las frases y complétalas de forma apropiada.

> **modelo**
>
> *Tú escuchas:* Cuando llegué allí, me molestó que no...
> *Tú escribes: Cuando llegué allí, me molestó que no hubiera nada para comer.* o
> *Cuando llegué allí, me molestó que no hubiera llegado nadie.*

1. _____
2. _____
3. _____
4. _____
5. _____

3 **¿Qué opinas?** Escucha las preguntas y responde según la información que tengas. Explica tus respuestas. Usa tu imaginación, recuerda que puedes inventar las respuestas.

> **modelo**
>
> *Tú escuchas:* ¿Te hubiera gustado vivir sin correo electrónico?
> *Tú escribes: No, de ninguna manera. Mi vida sin correo electrónico hubiera sido difícil ya que tengo muchos amigos viviendo en otros países.*

1. _____
2. _____
3. _____
4. _____
5. _____

Lab Manual

8.3 Uses of the infinitive

1 **Una decisión muy dura** Federico ha recibido la oferta laboral de sus sueños: buscar una cura contra el cáncer. El problema es que el sueldo es muy bajo y ahora está intentando decidir si debe aceptar la oferta. Escucha sus comentarios y, después, indica si las siguientes afirmaciones son **ciertas** o **falsas**.

	Cierto	Falso
1. Federico debe tomar una decisión hoy mismo.	○	○
2. Federico no necesita presentar los resultados del experimento hasta mañana.	○	○
3. Federico va a analizar la situación.	○	○
4. Al quedarse como ayudante, Federico no pierde nada.	○	○
5. Si se queda como ayudante, no le va a faltar trabajo.	○	○
6. Federico desea buscar una cura contra el cáncer.	○	○
7. A Federico no le importa cambiar de ciudad.	○	○
8. Federico lamenta no poder trabajar en los dos sitios al mismo tiempo.	○	○
9. Federico va a seguir pensando en su casa hasta las dos.	○	○
10. Federico quiere dejar la decisión para el martes.	○	○

2 **Yo creo** Vuelve a escuchar los razonamientos de Federico y responde a las siguientes preguntas, según tu propia opinión.

1. ¿Qué crees que debe hacer Federico para tomar la decisión adecuada?

_____

_____

2. ¿Qué factores piensas que debe tener en cuenta al tomar esa decisión?

_____

_____

3. ¿Crees que es inteligente sacrificar las oportunidades futuras a cambio de un presente más seguro? ¿Por qué?

_____

_____

4. ¿Cuáles son los puntos más importantes que tú analizas al tomar una decisión importante como la de Federico?

_____

_____

5. ¿Crees que las grandes decisiones de la vida se deben tomar sin pensar, dejándose llevar por el instinto, o crees que se deben racionalizar hasta el último detalle?

_____

_____

LITERATURA

1 Escuchar Escucha el fragmento y selecciona la opción que mejor completa cada oración.

1. El protagonista está hablando con...

    a. un juez.   b. su jefe.   c. su esposa.

2. Él dice que su conducta era...

    a. mala.   b. buena.   c. regular.

3. Su escritorio estaba...

    a. al lado de la puerta.   b. ordenado.   c. sucio.

4. El protagonista...

    a. está orgulloso de sí mismo. b. está contento.   c. es perezoso.

2 Escuchar Escucha el fragmento y selecciona la opción que mejor completa cada oración.

1. El gerente...

    a. le dio un premio.   b. lo castigó.   c. lo despidió.

2. Desde el principio, el protagonista...

    a. estaba relajado.   b. se llevó bien con ella. c. sospechó de ella.

3. Todos los empleados la recibieron con...

    a. mucho entusiasmo.   b. flores.   c. una invitación a cenar.

4. El protagonista se sintió...

    a. invadido por su presencia. b. deslumbrado por   c. orgulloso de su inteligencia.
                                      su belleza.

3 Escuchar Escucha el fragmento y selecciona la opción que mejor completa cada oración.

1. Su mujer...

    a. intentó ayudarlo.   b. se enojó.   c. le arrancó (*pulled out*) el pelo.

2. Le empresa decidió...

    a. darle más trabajo.   b. contratarlo.   c. despedirlo.

3. Él había trabajado en la empresa por...

    a. catorce años.   b. veinte años.   c. treinta años.

4. La nueva era una...

    a. secretaria extranjera.   b. persona.   c. computadora.

Lab Manual

VOCABULARIO

La tecnología y la ciencia

Ahora escucharás el vocabulario que está al final de esta lección del libro. Escucha con atención cada palabra o expresión y después repítela.

Lab Manual

PARA EMPEZAR

Lección 9

1 **Identificación** Escucha lo que dicen Alicia, Manolo y Pilar y después elige qué planes tiene cada uno para el fin de semana.

	ir a un concierto de rock	jugar al tenis en un torneo	ir a bailar	ver una película	salir a comer
Alicia					
Manolo					
Pilar					

2 **Preguntas** Ahora vuelve a escuchar los planes que tienen Alicia, Manolo y Pilar de la **actividad 1** y responde a las preguntas.

1. ¿En qué año de sus estudios está Alicia?

   _____

2. ¿Por qué está emocionada Alicia con el concierto del sábado por la noche?

   _____

3. ¿Qué va a hacer Manolo fuera de lo normal este fin de semana?

   _____

4. ¿Por qué está enojada la novia de Manolo?

   _____

5. ¿Qué estudia Pilar Ramos?

   _____

6. ¿Qué hace Pilar todos los sábados por la noche?

   _____

3 **Alicia y Pilar** Alicia y Pilar, las chicas de las actividades anteriores, están hablando por teléfono. Escucha su conversación y, después, determina si las oraciones que siguen son **ciertas** o **falsas**. Después, corrige las falsas y escríbelas correctamente en el espacio indicado.

	Cierto	Falso
1. Alicia está de buen humor cuando contesta el teléfono.	○	○
2. Alicia reconoce enseguida la voz de la persona que llama por teléfono.	○	○
3. Pilar y Alicia se conocen desde hace dos años.	○	○
4. El cumpleaños de Alicia es el sábado.	○	○
5. Pilar y Ricardo son novios desde el primer grado.	○	○
6. Alicia tiene ocho entradas para el concierto de U2.	○	○

Lab Manual

ESTRUCTURAS

9.1 The future perfect

1 **Club deportivo** El Club Deportivo Boca está organizando una competencia deportiva. Armando, el asistente de Manuela, la directora, está explicándole los planes que ha preparado. Escucha las notas de Armando y, después, contesta las preguntas según la información que escuches.

1. ¿Para cuándo habrá enviado las notas?

_____.

2. ¿Quién habrá llegado al aeropuerto el miércoles?

_____.

3. ¿Qué habrán hecho los atletas que viven en la ciudad?

_____.

4. ¿Cuándo habrán empezado a funcionar las actividades de ocio?

_____.

5. ¿Qué habrán abierto para los más jóvenes?

_____.

6. ¿Qué habrá pasado para el sábado por la mañana?

_____.

2 **¿Lógico o ilógico?** Vas a escuchar ocho conversaciones muy breves. Escúchalas con mucha atención y después indica si cada una de ellas es **lógica** o **ilógica**.

	Lógica	Ilógica
1.	○	○
2.	○	○
3.	○	○
4.	○	○
5.	○	○
6.	○	○
7.	○	○
8.	○	○

3 **Unas vacaciones de película** Imagina que unos amigos y tú se van dos semanas de vacaciones. Elige el destino ideal y escribe diez actividades diferentes que habrán hecho durante el viaje. Usa el futuro perfecto y sé creativo/a.

_____

_____

_____

_____

_____

_____

_____

_____

_____

Lab Manual

9.2 The conditional perfect

1 **¡Cancelada!** La competencia deportiva que organizaba Manuela se canceló. Por eso, desafortunadamente, ninguno de sus planes se realizó. Escucha sus planes y vuelve a escribirlos usando el condicional perfecto. Sigue el modelo.

> **modelo**
>
> *Tú escuchas:* Para el martes, ya te las habré enviado por correo electrónico.
> *Tú escribes:* Para el martes, ya te las **habría enviado** por correo electrónico.

1. Los dos equipos de fútbol de la región _____ al aeropuerto.
2. Los atletas _____ en contacto con el club.
3. El viernes _____ a funcionar las actividades de ocio.
4. _____ una zona de videojuegos.
5. _____ organizar todo perfectamente.

2 **Los sueños** Gabriel está pensando en su vida y en los errores que cometió. Escucha lo que dice y completa las oraciones con el condicional perfecto para expresar lo que él habría hecho de una forma diferente. Sigue el modelo.

> **modelo**
>
> *Tú escuchas:* Yo nunca estudiaba para los exámenes. Ahora no estoy bien preparado.
> *Tú escribes:* Si lo hubiera sabido, habría estudiado para los exámenes.

1. Si lo hubieran sabido, _____
2. Si lo hubiera sabido, _____
3. Si lo hubiera sabido, _____
4. Si lo hubieran sabido, _____
5. Si lo hubiera sabido, _____
6. Si lo hubiera sabido, _____

3 **Ponte en su lugar** Ignacio te va a explicar lo que hizo en varias situaciones en las que se encontró durante el último año. Escucha lo que hizo Ignacio y, después, indica qué habrías hecho tú en su lugar.

> **modelo**
>
> *Tú escuchas:* Me prometieron cantar con mi grupo en un teatro muy importante y después de haber ensayado mucho, la directora me dijo que había cambiado de opinión. Yo acepté su decisión y no dije nada.
> *Tú escribes:* Yo habría exigido dinero por mi trabajo.

1. _____
2. _____
3. _____
4. _____
5. _____

Lab Manual

9.3 *Si* clauses

1 **Excusas** Manuela, la jefa de Armando, no sabe aceptar las críticas. Por eso, cada vez que algo sale mal, ella le echa la culpa a las circunstancias, en vez de asumir responsabilidad por lo que pasó. Escucha lo que dice y termina cada una de sus oraciones con la respuesta más lógica.

1. a) yo habría contratado a alguien para que la ayudara.
   b) yo no habría hecho nada al respecto.
2. a) yo habría enviado más invitaciones antes de la competencia.
   b) yo habría sabido exactamente cuántas personas irían a la competencia.
3. a) no habríamos tenido tantos problemas.
   b) no habrían venido los atletas.
4. a) los deportistas habrían venido a mi apartamento.
   b) los equipos de fútbol no habrían cancelado su viaje.
5. a) yo los habría invitado a cenar todas las noches.
   b) yo los habría llevado al aeropuerto.
6. a) habría revisado todos los detalles para que todo saliera bien.
   b) habría contratado a otra persona para hacer mi trabajo.

2 **Tus excusas** Imagina que trabajas en un banco y, a parte de tu trabajo, no hay nada en este mundo que te interese. Por eso, si un pariente tuyo o un(a) amigo/a te invitara a hacer algo especial, tú inventarías una excusa. Escucha las afirmaciones y, después, termina las oraciones de forma lógica. Sigue el modelo. Después, lee las oraciones completas para practicar la pronunciación.

> **modelo**
> *Tú escuchas:* No tengo tiempo libre.
> *Tú lees:* Si mi tío me invitara a ir a un museo,
> *Tú escribes:* yo le diría que no tengo tiempo libre.

1. Si mi mejor amigo me regalara una novela, _____
2. Si mis compañeros de clase me invitaran al teatro, _____
3. Si mi vecina me pidiera que fuera de compras con ella, _____
4. Si mi amigo Enrique me invitara a jugar al tenis, _____
5. Si los padres de mi novia me invitaran a cenar, _____

3 **¿Qué habrías hecho tú?** Escucha las preguntas del narrador y responde escribiendo qué habrías hecho tú en cada situación. Después, escucha las preguntas otra vez y responde oralmente para practicar tu pronunciación.

1. (dibujar a alguien) _____
2. (ser un pintor y exponer cuadros) _____
3. (donar obras de arte) _____
4. (dedicarse a algo artístico) _____
5. (escribir un guión) _____
6. (elegir talentos artísticos) _____

LITERATURA

1 **Escuchar** Escucha el fragmento y marca si lo que afirman las oraciones es **cierto** o **falso**.

		Cierto	Falso
1.	El dragón pasea por la ciudad llena de gente.	○	○
2.	Sigue un olor hasta llegar a un lugar viejo.	○	○
3.	El dragón se para a observar a un niño que está jugando.	○	○
4.	El niño está soñando con el dragón.	○	○
5.	El dragón ve que al niño le están saliendo unas alas pequeñas.	○	○
6.	El dragón besa al niño.	○	○
7.	El niño se despierta y ve al dragón.	○	○
8.	El dragón se va de la habitación.	○	○
9.	Hubo un fuego en la habitación.	○	○
10.	El niño recordó cómo había empezado el incendio.	○	○

2 **Interpretar** Escucha las preguntas y después contesta según tu opinión.

1. _____.

2. _____.

3. _____.

4. _____.

3 **Analizar** Ahora, escribe un párrafo donde expliques si te gustó el cuento o si no te gustó y por qué.

_____

_____

_____

_____

_____

_____

_____

_____

_____

_____

_____

_____

_____

_____

_____

_____

_____

_____

Lab Manual

VOCABULARIO

Las diversiones

Ahora escucharás el vocabulario que está al final de esta lección del libro. Escucha con atención cada palabra o expresión y después repítela.

Lab Manual

PARA EMPEZAR

Lección 10

1 **¿Qué quiere decir?** Juan está hablando sobre su amiga Gaby. Escucha sus comentarios y selecciona la oración que mejor exprese la misma idea.

1. _____ a. Gaby se siente muy sola.

   _____ b. A Gaby no le interesan las polémicas.

   _____ c. Gaby tiene muchos ideales.

2. _____ a. Ella ha decidido no asimilarse.

   _____ b. Ella ha emigrado a otro país.

   _____ c. Ella ha podido lograr sus objetivos.

3. _____ a. Ella es monolingüe.

   _____ b. Ella es valiente y trabajadora.

   _____ c. Ella no tiene trabajo porque sufre de insomnio.

4. _____ a. Tiene problemas de autoestima en ocasiones.

   _____ b. Ella en ocasiones se siente triste.

   _____ c. A ella siempre le preocupa el maltrato.

2 **Teléfono** Los padres de Gaby están hablando por teléfono con ella. Escucha atentamente y selecciona las palabras que oyes.

_____ adaptar	_____ extrañar
_____ alcanzar	_____ meta
_____ anticipar	_____ natalidad
_____ despedir	_____ nivel de vida
_____ diversidad	_____ solos

3 **Conversación** Vuelve a escuchar la conversación telefónica entre Gaby y sus padres y contesta las preguntas.

1. ¿Cree Gaby que se va a adaptar a la nueva ciudad?

   _____

2. ¿Por qué hablan todo el tiempo los padres de Gaby sobre ella?

   _____

3. ¿Qué le dio pena a Gaby?

   _____

4. ¿De qué está seguro el papá?

   _____

5. Según Gaby, ¿cómo es Barcelona?

   _____

Lab Manual

ESTRUCTURAS

10.1 The passive voice

1 **Completar** Escucha lo que dice el periodista y completa cada oración con el participio adecuado de la lista. Hay dos participios que no son necesarios para completar la actividad.

abrir	escuchar
criticar	discutir
elegir	recibir

1. _____
2. _____
3. _____
4. _____
5. _____
6. _____

2 **La campaña** Pilar, una estudiante de cuarto año, está preparando un resumen de las presentaciones políticas que tuvieron lugar en la universidad durante la semana pasada. Escucha a Pilar mientras lee la lista que ha escrito, y vuelve a escribir cada oración usando la forma pasiva.

> **modelo**
> *Tú escuchas:* Los estudiantes escucharon a los candidatos.
> *Tú escribes:* Los candidatos **fueron escuchados** por los estudiantes.

1. Los discursos _____ por los candidatos.

2. La candidatura de Gaby López _____ por el presidente de la universidad.

3. Una reunión _____ para hablar contra la discriminación.

4. Los carteles _____ por Gaby.

5. Los carteles _____ por los estudiantes.

6. Una fecha para la próxima reunión _____ por la Asociación.

10.2 Negative and indefinite expressions

1 **¡Qué diferentes!** Eduardo es actor y acaba de llegar a Madrid. Allí quiere buscar trabajo. Héctor, un primo suyo, va a recibirlo al aeropuerto. Escucha las oraciones y cambia las afirmativas a negativas y las negativas a afirmativas.

1. _____
2. _____
3. _____
4. _____
5. _____

2 **La falta de palabras** Esta tarde, Eduardo tiene una reunión con el director del Teatro Nacional. El problema es que Eduardo se pone muy nervioso en las reuniones y siempre se le olvida terminar sus frases. Escucha lo que dice y elige la mejor opción para completar cada una de las oraciones.

1. a. pensar más en ello.

   b. comer una hamburguesa.

2. a. cuándo es mi cumpleaños.

   b. el nombre del director.

3. a. a ninguno de los actores.

   b. debo.

4. a. soy famoso.

   b. tendré que buscar otro trabajo.

5. a. qué otra cosa podría hacer para ganarme la vida.

   b. qué tiempo hace hoy.

6. a. quiero pasarme la vida buscando el trabajo ideal.

   b. tengo tiempo para divertirme.

3 **¿Te sientes muy negativo?** Todos tenemos días en los que todo nos parece mal. Imagina que tienes uno de esos días, escucha las preguntas y respóndelas de forma apropiada.

> **modelo**
> *Tú escuchas:* ¿Quieres comer papas o pollo?
> *Tú escribes:* No quiero ni papas ni pollo.

1. _____.
2. _____.
3. _____.
4. _____.
5. _____.

Lab Manual

10.3 Summary of the indicative and the subjunctive

1 **El paso del tiempo** Vas a escuchar una serie de datos históricos. El narrador no sabe cuándo pasaron estos sucesos, si están pasando ahora o si todavía no han ocurrido. Escucha la información y después usa tus conocimientos de historia y de la actualidad mundial para escribir cada frase que escuches en el tiempo verbal adecuado.

> **modelo**
> *Tú escuchas:* Colón llega a América por primera vez.
> *Tú escribes:* Colón **llegó a América por primera vez.**

1. Comenzó... _____.
2. El ser humano... _____.
3. _____ ...en Estados Unidos.
4. Estados Unidos, Irak y Cuba... _____.
5. Francisco Franco... _____.
6. Todos los habitantes del planeta... _____.

2 **Datos incompletos** Escucha las oraciones que dice el narrador y completa cada una con la opción más apropiada de la lista.

1. a. lucharan continuamente.
   b. aprendieran a convivir en paz.
   c. oprimieran a los más débiles.
2. a. en los países desarrollados.
   b. en la Edad Media.
   c. con un sistema de esclavitud.
3. a. haya tanta armonía entre los pueblos.
   b. haya tantos barrios.
   c. haya tanto racismo.
4. a. él no habría sido famoso.
   b. él no habría visto el mar.
   c. el rey Fernando se habría divorciado de Isabel.
5. a. se termine la semana.
   b. destruyamos el planeta con otra guerra mundial.
   c. el guerrero se rinda (*surrenders*).
6. a. probablemente hubiera habido menos problemas entre ellos.
   b. seguro que no se hubieran escrito muchas cartas.
   c. habrían viajado a Europa juntos en un viaje de placer.

LITERATURA

1 **Escuchar** Escucha el fragmento y marca si lo que afirman las oraciones es **cierto** o **falso**.

	Cierto	Falso
1. Muchas mamás de los niños que comen en el refectorio trabajan fuera de casa.	○	○
2. La niña quiere comer en la escuela.	○	○
3. La niña le pide a su madre que le escriba una nota a la directora.	○	○
4. La mamá quiere que su hija coma en el colegio.	○	○
5. La niña no tiene hermanos.	○	○

2 **Escuchar** Escucha el fragmento y marca si lo que afirman las oraciones es **cierto** o **falso**.

	Cierto	Falso
1. A Nenny le fascina comer con su amiga.	○	○
2. A Kiki y a Carlos les gusta estar bajo la lluvia.	○	○
3. Kiki y Carlos dicen que no les gusta sufrir.	○	○
4. La niña le promete a su mamá que ella se hará el lonche.	○	○
5. La mamá le dice que sí al sexto día.	○	○

3 **Escuchar** Escucha el fragmento y marca si lo que afirman las oraciones es **cierto** o **falso**.

	Cierto	Falso
1. La monja no conoce muy bien a los niños del refectorio.	○	○
2. La niña es tímida.	○	○
3. La monja le exige que vaya a hablar con la directora.	○	○
4. Ella no tiene que esperar para entrar en la oficina.	○	○
5. La directora lee la nota que le escribió su mamá.	○	○

4 **Interpretar** Escucha el fragmento y después contesta las preguntas.

1. ¿Qué dijo la monja después de leer la carta?

_____

_____

2. ¿Por qué la niña le pide un *Kleenex* a la directora?

_____

_____

3. ¿Qué ocurrió en el refectorio?

_____

_____

Lab Manual

VOCABULARIO

Nuestro futuro

Ahora escucharás el vocabulario que está al final de esta lección del libro. Escucha con atención cada palabra o expresión y después repítela.